내가 있기에 세상은
가능성으로 존재합니다.
행복이든 불행이든
내가 있기에
의미가 생겨나지요.

행복

행복은 주관적인 감정이라서
'이것이 행복이다'라고 단정 지어
말하기 어려운 면이 있습니다.
더군다나 하루하루를 살아내기도
벅찬 요즘 같은 시대에
'행복'에 관해 말한다는 건 그다지
눈길을 끌 만한 일이 아닐지도
모릅니다. 그럼에도 '행복이란
무엇인가' 질문을 던지는 이유는
언제나, 누구라도, 보통의 삶에서
행복을 찾고 누릴 수 있는 길이
반드시 있을 거라는 믿음
때문입니다. 스스로 세상에서
가장 행복한 사람이라고 말하는
네 성직자의 대화 속에서
그 길을 찾아봅니다.

✝권
✝○

행복에 관한 네 가지 생각

박세웅 교무님 저는 이렇게 생각해요. 보통 우리가 '행복'이라고 하면 어떤 조건들을 생각하잖아요. 좋은 직장, 좋은 집, 좋은 차, 좋은 학교, 좋은 관계 같은 것들 말이죠. 이런 것들이 갖춰졌을 때 비로소 행복할 수 있다고 생각하는 사람이 많은 것 같아요. 반대로 이들 중 무언가 하나가 부족하다고 느끼면, 어떻게 해서든지 그것을 갈구하고 손에 쥐려고 애를 씁니다. 하지만 종교적인 관점에서 볼 때도, 제 개인적인 관점에서 볼 때도 행복은 가지지 못한 것에 대한 갈망이 아닌 이미 가지고 있는 것에 대한 감사에서 나온다고 생각해요. 남들과 비교해서 자신에게 부족한 것을 찾는 게 아니라 자신이 가진 것이 무엇인지를 알고, 그것들을 감사하게 여길 줄 아는 마음을 갖는 것. 이것이 행복의 출발점이 아닐까 합니다.

하성용 신부님 지금 내 존재 자체가 행복이다. 저는 이렇게 생각합니다. 가끔 신자분들이 저에게 이런 질문을 던질 때가 있어요. 하느님이 현존하시는 걸 어떻게 증명할 수 있느냐고요. 그때마다 저는 '여러분의 존재 자체가 하느님의 현존을 의미합니다'라고 답합니다. 말하자면, 생명의 존재 자체가 신의 증명이고 축복인 겁니다. 이렇게 바라보면 행복에 대한 관점을 조금 다르게 가질 수 있습니다. 교무님이 말씀하신 것처럼 사람들은 물질적인 풍요로움이나 반대로 부족함을 '행복'과 '불행'의 조건처럼 말하지만, 내가 존재하지 않는다면 그 모든 게 무슨 의미가 있을까요? 내가 있기에 세상은 가능성으로 존재합니다. 행복이든 불행이든 내가 있기에 의미가 생겨나지요. 그렇게 보면 모든 것을 가능하게 하는 전제로서의 '나'라는, 억만금과도 바꿀 수 없는 귀중한 것을 우리는 가지고 있는 셈입니다. 이 얼마나 기쁘고 감사할 일인가요. 지금의 나, 살아 숨 쉬는 나를 향한 만족과 감사야말로 행복의 시작과 끝이란 생각입니다.

행복

성진 스님 행복에 관한 정의는 여러 방면으로 접근이 가능할 것 같아요. 대표적인 예로, 현대인들에게 인기가 많은 심리학의 관점에서 바라보면 슬픔·우울·화·좌절 같은 부정적인 감정보다 기쁨·희망·감사·즐거움 같은 긍정적인 감정이 많아질 때 사람들은 더 큰 행복감을 느낀다고 합니다. 보통은 이렇게 좋은 것, 즐거운 것에 대한 추구를 행복과 연결 짓지요. 그런데 특이하게도 불교에서는 먼저 고통[苦]을 살피라고 말합니다. 나를 괴롭히는 게 무엇인지를 정확히 알고 그것을 제거하는 것이 진정한 행복에 이르는 길이라고 말하죠. 고통, 괴로움, 아픔, 상처 같은 단어들은 부정적인 뉘앙스를 풍기기에 머릿속에 떠올리는 것만으로도 기분이 울적해지는 것 같고 다들 입 밖으로 내기 꺼리는 말들입니다. 그런데 왜 불교에서는 이런 것들을 생각하라고 할까요? 이유는 분명합니다. 해결할 수 있기 때문입니다. 심지어 생로병사의 문제까지 극복할 수 있다고 말하는 게 불교입니다. 이것이 부처님의 핵심 가르침, 절대 행복에 이르는 사성제(四聖諦) 가르침입니다. 간단히 정리하면, 괴로움을 알고 그것을 소멸하는 것. 이것이 불교에서 말하는 행복입니다.

김진 목사님 행복을 한마디로 정의하는 건 매우 어려운 일 같아요. 저희는 종교인이다 보니 본질적인 이야기를 할 수밖에 없지만, 현실을 살아가는 데 외부적인 조건들도 분명히 존재하기 때문이죠. 사람들이 저마다 생각하는 행복의 조건이나 요구를 완전히 무시할 수는 없을 거예요. 하지만 그것들을 관통하는 무언가가 있다고 봅니다. 어디서 무엇을 하며 살든지 간에 행복하려면 없어서는 안 될 필수요소라고 할까요. 그것을 저는 '생명의 에너지'라고 말하고 싶습니다. 영성이라고 해도 좋고, 불성이라고 해도 좋고, 아니면 말 그대로 우리를 살아 숨 쉬게 하는 생명의 기운이라고 말해도 좋습니다. 누구에게나 이런 에너지가 있습니다. 만약 우리 안의 에너지가 시기, 질투, 불안, 두려움 같은 것들로 가득하다면 삶은 불행의 연속일 겁니다. 반대로 사랑, 자비, 감사, 창조의 에너지가 가득하다면 삶은 행복

행복

으로 충만하겠지요. 곧 내면의 에너지 상태가 행복과 불행을 결정짓는 중요한 기준이라는 얘깁니다. "삶의 시선을 바깥으로만 향하는 사람은 불행하고, 자기 내면의 상태에 관심을 기울이는 사람은 행복하다." 이 문장으로 행복에 관한 정의를 대신할 수 있을 것 같습니다.

내 생애 가장 행복했던 순간

성진 스님 여기 계신 신부님, 목사님, 교무님 그리고 다른 성직자분들도 마찬가질 텐데요. 종교인으로 사는 삶을 선택한 순간부터 세상을 바라보는 눈이 완전히 달라졌습니다. 저는 갓 스무 살 넘은 청년기에 출가했는데요. 보통이라면 한창 멋 내고 혈기 왕성하게 살아갈 시기에 안에서 어떤 울림을 느꼈어요. 어쩌면 행복에 관한 본질적 물음이라고 할 수도 있을 거예요. 사람들이 부러워하는 것들, 이를테면 외모·학력·경제적 부 같은 외적 환경으로는 행복해질 수 없을 것 같다는 생각이 들었죠. 그 생각이 확신으로 바뀌었을 때 출가를 결심했어요. 그 전환의 순간이 제 인생에서 가장 행복했던 순간이 아닌가 합니다.

김진 목사님 저도 스님과 비슷합니다. 종교인의 삶으로 접어들었던 때, 다르게 표현하면 하나님의 축복을 믿고 따르기 시작한 순간에 가장 큰 행복을 느꼈던 것 같아요. 저는 어려서부터 많이 아팠어요. 교통사고로 인해 7살 때 죽음의 문턱까지 갔다 왔죠. 그 뒤로도 병원 생활을 오래 했고, 고등학교 1학년이 될 때까지 차를 타고 다니지 못할 정도로 몸이 안 좋았어요. 사는 게 얼마나 우울하고 비관적이었는지 모릅니다. 그런데 고등학교 2학년 말 한 수련회 참석 후 삶에 변화가 일어났습니다. 성경 말씀이 읽혀지고, 이해되고, 깨닫게 되는 체험을 하게 되었죠. 그 이후로 매일 성경을 읽고 묵상하며 끌어안고 살았습니다. 너무 기쁘고 행복했습니다. '이 길이 내가 가야 할 길이구나' 하고 깨닫게 되었죠. 소위 믿음이 생긴 순간 삶이 달라졌어요.

박세웅 교무님 "파란고해의 일체 생령을 광대무량한 낙원으로 인도하려 함이 그 동기니라." 원불교 교전 『정전』「개교의 동기」에 나오는 문구인데요. 쉽게 풀이하면 '괴로운 사람들을 낙원의 세계로 인도하기 위해서 원불교라는 종교를 세웠다'라는 말입니다. 한창 심란하던 시기에 이 문구가 제 마음에 탁 와닿았어요. 그 순간 스님이나 목사님처럼 저도 삶의 전환을 맞이하게 되었고 더없이 큰 행복을 느꼈습니다. 불교와 마찬가지로 원불교에서도 출가라는 표현을 쓰는데요. 2년간 교당에서 간사로 근무하는 기간이 있습니다. 저는 19살에 고등학교 졸업하자마자 출가를 했어요. 그런데 6개월쯤 지내다 보니까 의문이 드는 거예요. 교무의 삶이 너무 성스럽고 아름답게 느껴져서 이 길을 가려고 한 것인데, 막상 살아 보니까 걸레나 빨고 있고 잡일만 하고 있는 거죠. '이러려고 출가한 게 아닌데' 하는 의구심이 점점 커져서 감당하기 어려워졌을 때 지도교무님께 고민을 털어놓았습니다. 그분이 하신 말씀은 '스스로 답을 찾아라'였습니다. 기도하면서 진리께 답을 여쭈라는 것이었어요. 그날 이후로 매일 밤 울면서 기도를 했어요. 어떻게 기도하는지도 모르면서 그냥 했죠. 그러던 중에 앞에서 말한 원불교 교전의 말씀을 만나게 된 겁니다. 모든 성직자가 비슷할 거라고 봐요. 내가 아닌 다른 무엇, 세상과 타인을 향한 삶을 살겠다고 마음먹는 순간 가치관이 확 바뀌어 버려요. 그 후로는 남들이 말하는 성공과 행복의 기준에 흔들리는 일이 없어집니다.

하성용 신부님 저는 28살에 일반 대학교를 졸업하고 다시 신학교에 입학했어요. 그때가 삶의 전환점이자 가장 큰 행복을 느꼈던 때가 아닌가 합니다. 그전에는 하느님께 자꾸 뭘 달라고만 기도했었죠. 그런데 신학교에 들어가면서 지금의 내 모습에 만족하게 되었습니다. 말로 하면 별것 아닌 것 같은데 정말 큰 변화라고 할 수 있어요. 불평과 불만으로 가득했던 삶이 한순간 충만함과 축복으로 뒤바뀌어 버렸으니까요. 저는 20살부터 신학교에 입학하기 전까지, 군 복무 시기를 제외하고는 매일 신문 배달을 했습니다. 아버지가 학비와 용돈을 안 주셨거든요. 하루에 4시간씩 자면서 금호동 산동네 500여 집에 신문을 돌렸어요. 그때 하루를 맞이하는 마음 상태가 어땠냐면 '불만' 그 자체였습니다. 날씨가 맑으면 덥다고 불평, 비가 내리면 신문 젖는다고 불평, 왜 이렇게 살아야 하는지에 대한 불평불만이 가득했죠. 그런데 신학교에 들어갔더니 너무 좋은 거예요. 밥 주지, 잠 충분히 재워 주지, 그러면서 마음껏 기도하고 공부하는 생활이 그렇게 편안할 수 없는 거예요. 얼마나 몸과 마음이 편했으면 신학교 입학 후에 3개월 만에 몸무게가 14kg이나 늘었어요. 그리고 이런 마음이 들었습니다. 조금 건방진 얘길 수도 있는데요. '하느님이 내게 뭔가를 더 주셔도 좋지만 안 주셔도 상관없다. 이대로 참 행복하다.' 지금 이 순간 있는 그대로의 나 자신에게 만족하면 저절로 행복해진다는 진리를 체감한 겁니다.

성진 스님 다들 개인적인 얘기를 하시니 저도 조금 덧

붙이겠습니다. 제가 출가를 한 계기는 한마디로 은사스님을 만나서였는데요. 대학교에 들어간 뒤로 공부에는 관심이 없고 이래저래 방황을 많이 하다가, 아는 분의 권유로 잠시 머리를 식힐 겸 절에 들어갔어요. 며칠 묵어가게 해 달라고 인사드리려고 은사스님을 찾아갔는데 뵙자마자 하염없이 눈물이 났어요. 왜 그랬는지 모르겠어요. 그냥 지금까지 잘못 산 것 같다는 생각이 들었죠. 그런 저를 보고 은사스님이 물었어요. 이렇게 여기 와서 눈물을 흘리고 있는 게 누구냐고요. 숨이 멎을 듯 아득한 질문이었습니다. 당연히 대답을 못 했죠. 스님께 어떻게 하면 알 수 있는지 여쭈었더니 출가를 해 보라는 거예요. 그래서 출가했어요. 그 뒤로 7년간 은사스님을 모시고 살았습니다. 다들 그렇듯 사네 못 사네 아웅다웅하면서 지금까지 왔습니다.

김진 목사님 적절한 예시인지 모르겠지만, 왜 무당이 되는 분들은 신병(神病)을 앓는다고 하잖아요. 신병을 없애려면 결국 신내림을 받아야 하는 건데, 내용과 형식

행복

31

은 다르지만 우리 성직자들도 유사한 과정이 있는 것 같아요. 삶의 고통을 예민하게 경험하면서 다른 세계에 대한 갈망을 은연중에 추구하게 되는 것 말이죠. 그런 것들이 무르익어서 폭발하게 되는 계기를 만나면 그 길로 가지 않을 수 없습니다. 왜 이런 말씀을 드리냐면, 보통 사람들은 물질적이고 감각적인 자극에 빠져서 자기가 진정 뭘 원하는지 잘 모르는 것 같아요. 전혀 다른 삶의 차원과 질이 있음을 말이죠. 그런 점에서 일종의 신병을 앓는 것도 나쁘지 않아 보입니다. 그것이 삶의 방향을 전환하는 자양분이 되어 줄 수 있다는 점에서요.

행복한 일은 매일 있어요

성진 스님 저에게 행복이란 편안함, 평온함, 안정적임 같은 말로 표현할 수 있을 것 같아요. 반대로 불안, 걱정, 초조함 같은 상태가 된다면 불행하다고 할 수 있죠.

그런데 살면서 이런 날은 많지 않은 것 같아요. 있다고 해도 순간적이죠. 그러니 대체로 늘 행복하다고 말할 수 있습니다. 평범한 일상이 곧 행복입니다.

하성용 신부님 저도 스님과 같습니다. 늘 행복해요. 조금 재수 없게 들릴지도 모르지만, 저는 제 행복이 누군가에 의해서 좌우된다고 생각하지 않습니다. 내가 행복하다고 여기면 그냥 행복한 거예요. 살다 보면 당연히 여러 가지 어려움에 부닥치지만, 그것 때문에 제가 느끼는 삶에서의 행복이 깨지는 일은 없습니다.

김진 목사님 저는 종교인으로서 내가 하는 행위, 책임지고 있는 일을 잘 마쳤을 때 오는 만족감에서 행복을 느낍니다. 이를테면 설교를 준비하는 과정에서 성경 말씀이 내면에서 커다란 울림, 깨달음으로 다가올 때 기쁨을 느낍니다. 그렇게 준비해서 설교한 이야기에 사람들이 마음 깊이 공감해 줄 때 더없이 행복하고요. 성경 말씀을 통해 진리 안에서 저와 신자들이 하나가 되

행복

33

어 교감하는 순간이라고 할까요.

박세웅 교무님 소소한 일상이 저에게는 행복입니다. 아침에 일어나 새벽의 맑고 차가운 공기를 느낄 때, 아내가 차려 준 따뜻한 밥을 먹을 때, 아이들과 웃으면서 놀 때, 그럴 때 말이죠. 행복에는 절대 기준이라는 게 없잖아요. 그러니 각자 생각하는 행복의 기준점을 너무 높게 설정하지만 않는다면 일상에서 얼마든지 행복을 느끼고 누릴 수 있습니다. 참고로 성직자는 행복의 기준이 상당히 낮아요. 기준이 낮으니까 행복을 위해 얻어야 할 것도 적습니다. 그래서 웬만하면 행복하게 삽니다.

성진 스님 행복을 분수로 표시한다면 성직자의 분모는 '1'이에요. 분자에 어떤 값이 오더라도 그대로 행복이죠. 물론 참회할 일이 있어서 절을 할 때는 좀 힘들긴 하지만요(웃음).

김진 목사님 삶의 목적을 행복이라고 생각하는 사람들이 있어요. 그렇지 않습니다. 삶이 먼저고 행복은 따라오는 겁니다. 자칫 행복에 너무 집착하면 오히려 삶이 불행해질 수도 있어요. 행복도 하나의 욕망이 되어 버릴 수 있기 때문입니다. 인도의 마하트마 간디는 '행복=삶-욕망'이라고 했습니다. 그러면서 무소유를 강조했죠. 욕망이 줄어들수록 삶은 그 자체로 행복이 되니까요.

나태함을 경계하는 삶

하성용 신부님 신부가 된 지 15년이 됐는데 나태함을 느낀 적은 없습니다. 어느 종교든 성직자는 기본적으로 나태함을 경계하는 삶을 살기 때문에 그런 경우는 많지 않을 거예요. 오히려 쉬라고 주어진 시간까지 치열하게 활용하죠. 예를 들어서 신부님 중에는 안식년에 택시 운전을 하거나 고속도로 청소부로 일하는 분들이 있어요. 그렇게 일해서 모은 돈을 어려운 이웃들에게 나눠 주죠. 저도 언젠가 안식년이 주어지면 예전에 했던 신문 배달을 다시 한번 해 볼 생각이에요. 개인적으로 나태함까지는 아니더라도, 가끔 생활에 지치거나 할 때면 아침 첫차를 타 봅니다. 날도 밝지 않은 이른 새벽에 일터로 나가는 사람들을 보면 마음가짐을 새롭게 하는 데 도움이 됩니다.

성진 스님 절 생활은 나태해질 수 없는 구조예요. 각자 해야 할 일이 있거든요. 그것만 해도 일과가 바빠요. 한편으로는 생활 환경을 바꿀 기회가 많은 것도 나태함에 빠지지 않을 수 있는 하나의 이유입니다. 스님들은 때가 되면 선방에 가서 수행하고, 포교당에서 전법사 역할도 해야 합니다. 생각보다 한곳에 오래 머물 시간이 없어요. 환경도 역할도 자주 바뀌다 보니까 나태해질 틈이 없습니다.

김진 목사님 나태함 혹은 매너리즘이라는 말은 개신교 목사들에게는 아주 사치스러운 말이에요. 왜냐하면 그럴 겨를이 없거든요. 아시다시피 목사의 주된 업무 중 하나가 설교인데요. 현재 한국교회 목사들은 일주일 동안 해야 할 설교가 상당히 많아요. 나태함은커녕 번아웃에 시달리고 있죠. 그래서 지금 개신교 목사들에게 가장 큰 화두는 쉼과 회복이에요. 하나님 앞에 서서 자신을 돌아보고 고양하는 시간이 필요한데, 그럴 시간이 절대적으로 부족한 게 오늘날 개신교의 현실입니다. 개인적으로 저는 이 문제를 오래전부터 인식했어요. 그래서 영적으로 충만할 수 있는 시간을 가지려고 의도적으로 노력해 왔습니다. 요즘은 스님, 신부님, 교무님에게 코가 꿰어서 그러지 못하고 있지만요(웃음).

박세웅 교무님 원불교에는 성직자가 나태해지거나 지쳐 있을 때 회복할 수 있는 훈련 시스템이 제도적으로 잘 갖춰져 있어서 사전에 잘 예방되는 편입니다. 그런데 가만히 생각해 보면, 제도보다 현실적인 경험이 오히려 더 큰 힘이 되는 것 같아요. 성직자로서 어려운 분들을 만나고 그들과 이야기 나누다 보면 자연스럽게 나

행복

태한 마음이 사라져 버립니다. 자신의 아픔과 슬픔을 허심탄회하게 털어놓는 사람들 앞에 서면, 과연 내가 이들에게 위로를 줄 수 있는 존재인지 계속해서 되묻게 되거든요. 늘 스스로를 경계하고 성찰할 기회가 생긴다는 얘깁니다.

성진 스님 예전에 제가 은사스님에게 물은 적이 있어요. 매일 똑같이 생활하는 게 지겹거나 힘들지 않으시냐고요. 그때 은사스님이 말씀하시길 '네 마음이 지금 여기에 있으면 천만번 똑같은 일을 해도 지겨움이라는 게 있을 수 없다'라고 하셨어요. 삶이 지겹고 힘든 것은 마음이 딴 데 가 있기 때문이라는 거예요. 종교인의 삶이란 이런 게 아닐까 해요. 종교는 달라도 각자의 사명을 품고서 매 순간을 살아가는 것, 그런 관점에서 본다면 종교인에게 나태함은 있을 수 없고 있어서도 안 되는 것이 아닌가 합니다.

불행은 없다

하성용 신부님 아까 말씀드렸다시피 저는 신학교에 들어가기 전, 그러니까 28살까지 대체로 불행하게 살았습니다. 정확하게는 그렇게 느끼며 살았죠. 그런데 신학교에 들어가겠다고 마음먹고 보니 그건 그냥 제 생각일 뿐이었어요. 나를 사랑해 주는 부모님, 의지가 되는 형제, 힘이 되는 친구들이 항상 내 곁에 있다는 걸 새삼 알게 되었죠. 세상은 달라지지 않아요. 내가 달라질 뿐이죠. 행복이나 불행도 마찬가지입니다. 정해진 행복이나 불행 같은 건 없다고 봅니다.

김진 목사님 인도에서 10년 정도 생활하면서 아쉬람을 지을 때 있었던 일이에요. 건물을 지으려고 노동자들이 왔는데, 그 틈에 학교를 안 다니는 어린아이 한 명이 따라왔어요. 우리 눈으로 보면 거의 거지나 다름없는 몰골의 여자아이였죠. 또 제 아쉬람에 늘 찾아오는 중산층 집안의 남자아이가 있었는데요. 언젠가 제가 그

아이들에게 물어봤어요. 지금 행복하냐고요. 그랬더니 남자아이는 행복하지 않대요. 인도도 우리나라처럼 교육열이 매우 높은데, 남자아이는 집이 좀 사니까 새벽부터 일어나서 과외를 받고 종일 학원에서 공부하느라 시달렸던 거죠. 반면에 가난한 여자아이는 행복하대요. 행복이 뭔데 하고 다시 물었더니, 걱정이 없는 거라고 하더라고요. '정말이야? 불행하지 않아?' 하고 또 물었더니 여자아이가 한참 답이 없어요. 그러더니 하는 말이 '불행이 뭐예요?'였습니다. 그 말은 듣는 순간 무릎을 탁 쳤습니다. 사람들은 마치 행복과 불행이란 게 따로 있어서 그것을 경험하는 것처럼 생각하지만, 사실 그런 건 없어요. 그것은 허상이고 잘못입니다. 영어에 'Being in Peace'라는 표현이 있습니다. 번역하면 '존재의 평화' 정도가 될 텐데요. 존재가 평화로우면 때때로 전쟁 한가운데 있어도 평화를 잃지 않는다고 합니다. 마찬가지로 우리 존재 자체가 행복이면 따로 행복을 구할 일이 없고 불행에 빠질 일도 없습니다. 그런 의미에서 저는 우리가 불행하다고 느끼기는 하지만 사실 불행 그 자체는 없는 거라고 생각하는 편이 행복한 삶을 향한 또 하나의 길이라고 봅니다.

성진 스님 불교 역시 불행을 고정불변한 가치로 말하지 않습니다. 팔고(八苦)라고 해서, 부처님께서는 인간이 살면서 겪는 여덟 가지 괴로움에 대해 말씀하셨는데요. 그러면서 모든 괴로움, 즉 일체개고(一切皆苦)가 실은 열반적정(涅槃寂靜)이라고 말씀하셨습니다. 고통이 있고 열반이 따로 있는 게 아니라는 얘깁니다. 인식만 바꾸면 고통스럽게 느끼는 이 삶이 그대로 열반의 세계가 된다는 거죠. 누군가에게는 불행하다고 느껴지는 생활이 누군가에게는 꿈꾸는 삶일 수 있어요. 그러니까 행복이니 불행이니 나누어서 생각하지 말았으면 해요. 단지 지금 변화가 필요하다고 느낀다면, 바라는 변화를 위해서 지금 내가 해야 할 일이 무엇인지 생각하고 그것을 행동으로 옮기시기 바랍니다.

박세웅 교무님 불행이라는 건 결국 자신을 잃어 버리는 데서부터 생긴다고 생각합니다. 맛있는 음식을 먹거나 재밌는 영상을 보면 누구나 행복하고 즐겁습니다. 그러나 의식적으로 알아차리지 못한 채 그 순간의 쾌락에만 빠져서 감정적으로만 그렇게 느낀다면 노예의 삶에 불과합니다. 언제든지 하고 싶을 때 하고, 하고 싶지 않을 때 그만둘 수 있어야 진정 주체적인 삶이라고 할 수 있죠. 그런 걸림 없는 마음의 힘을 가지고서 살 때 행복에도 불행에도 얽매이지 않는 자유로운 삶을 살아갈 수 있다고 봅니다.

종교에서 말하는 행복의 비결

성진 스님 불교에서는 자기 마음의 근심과 걱정이 무엇인지를 정확히 아는 것에서 행복이 시작된다고 말합니다. 예를 들어서 잘사는 누군가를 보고 부러워하면서 '나는 왜 이럴까' 하고 생각하는 사람이 있다면, 그 사람의 불행은 더 많이 못 가져서가 아니라 '부러워하

종교는 달라도 인생의 고민은 같다

는 마음' 때문이라는 거죠. 따라서 행복하려면 부러워하는 마음을 내려놓기만 하면 됩니다. 간단하죠. 무엇이 근심을 만드는지 정확히 보고 알면 답이 나옵니다. 그런데 보통 사람들은 원인을 잘못 파악합니다. 그래서 욕심을 내고 더 가지려고만 해요. 그런 마음에는 끝이 없어서, 원하고 추구할수록 행복은 멀어지기만 합니다.

김진 목사님 예수님 말씀 중에 팔복(八福)이라는 게 있습니다. 말 그대로 여덟 가지 복에 관한 말씀인데요. 하나같이 "행복하여라~"라는 말로 시작됩니다. 저는 이 말씀을 '존재가 이미 행복한 사람의 모습'으로 이해합니다. 즉 존재 자체가 행복해야 가난해도, 슬퍼도, 핍박을 당해도 행복하다는 얘깁니다. 사실 우리는 생각보다 많은 행복을 누리며 행복할 수 있는 사람들입니다. 예를 들어서 아침에 눈을 뜨면 얼마나 행복한가요? 밤사이 수많은 생명이 죽었는데, 편안하게 밤을 보내고 눈을 떠서 또 하루를 맞이할 수 있다는 사실이 말입니다.

행복

가족이나 친구들과의 소소한 만남과 대화 속에서 누리는 일상의 행복도 얼마나 많나요? 그럼에도 사람들은 자기가 얼마나 행복한 존재인지 모른 채 살아갑니다. 그러나 생명, 살아 있음이 무엇보다 큰 축복이며 행복임을 깨닫는다면 실패와 좌절에서 오는 불행감쯤은 얼마든지 이겨낼 수 있습니다. 다른 무언가에서 행복을 얻으려고 하기보다 이미 주어진 행복을 알아차리고 누릴 수 있다면 말입니다.

하성용 신부님 성경 말씀은 같으니까, 제가 드릴 말씀도 목사님 말씀과 같습니다. 다만 조금 부연 설명을 하자면, 예수님께서는 진짜로 행복한 사람이 하늘나라에 갈 것이라고 말씀하셨는데요. 이 하늘나라라는 게 죽어서만 갈 수 있는 곳이 아니라 지금 자신의 마음이 하늘나라에 있으면 그곳이 하늘나라라는 말씀을 하십니다. 즉 스스로 행복한 사람은 상황이나 처지에 상관없이 행복에 이르는 길을 찾고 누린다는 말입니다. 자기 자신에게서 답을 찾을 것, 이것이 예수님께서 말씀하신 행복에 이르는 길입니다.

박세웅 교무님 원불교 『정전』에 보면 사람이 태어나면 좋아하고 싫어하는 것 두 가지가 있다고 말합니다. 줄여서 고락(苦樂)이라고 하는데요. 인간의 삶이 자꾸 힘들어지는 이유는 락을 버리고 자꾸만 고로 자신을 밀어 넣기 때문이라고 합니다. 그렇게 하는 데는 몇 가지 이유가 있는데요. 크게 보면 두 가지 이유입니다. 첫째는 원인을 몰라서입니다. 어디에서 행복이 오고 어디에서 불행이 오는지 원인을 정확히 알아차리지 못한다는 얘깁니다. 그래서 잘못된 쪽으로만 신경을 쓰는 것이죠. 둘째는 알고도 제대로 실천하지 않기 때문입니다. 어떻게 해야 행복하고 불행한지 알면서도 습관의 노예가 되거나 쉽고 빠르게 무언가를 얻으려고 욕심을 부린다는 것이죠. 곧 원불교에서 말하는 행복의 길은 이렇게 정의할 수 있습니다. 정확히 원인을 파악하고 바르게 행할 것! 스스로 무엇에 집착하고 번뇌하고 있는지 잘 들여다보면 분명히 길이 보일 겁니다.

행복

행복은 ＿＿ 이다

박세웅 교무님 행복은 '나'다. 개신교에 '당신은 사랑받기 위해 태어난 존재다', 불교에 '네가 부처다', 원불교에 '우리 안에 불성이 있다'라는 말이 있는 것처럼 모든 생명 안에는 충분히 행복할 수 있을 만한 가치가 담겨있기 때문입니다.

김진 목사님 행복은 '명사'가 아니라 '동사'다. 부연하면 행복은 '나누다'와 같은 동사라고 생각합니다. 마음과 물질을 나눔으로써 행복은 배가된다는 점에서, 그리고 행복은 고정불변한 무엇이 아니라 나의 본래 모습으로 주체적으로 살아갈 때 확충되고 더 잘 누리게 된다는 점에서 그렇습니다.

성진 스님 행복은 '질문'이다. 어린아이든 청년이든 나이 든 어른이든 '나에게 행복은 무엇인가'라고 물을 때 그것에 더 가까이 다가갈 수 있다고 봅니다. 진지한 질문과 성찰 없이 막연히 행복을 좇는 건 결과적으로 걱정과 근심으로 이어지는 길이라고 생각합니다.

하성용 신부님 행복은 '나'다. 저도 이 말을 하려고 했는데 교무님이 먼저 해 버리셨네요. 그래서 조금 각색해서 말씀드립니다. 행복은 타인과의 비교에서 오지 않는다. 남보다 낫다고 해서 행복하고 남보다 부족하다고 해서 불행한 게 아닙니다. 스스로 행복하다면 다른 사람이 어떠하든지 간에 상관없이 행복할 수 있습니다.

존재가 평화로우면
때때로 전쟁 한가운데 있어도
평화를 잃지 않습니다.
마찬가지로 우리 존재 자체가
행복이면 따로 행복을
구할 일이 없습니다.

돈

'돈으로 모든 것을 다 살 수는
없지만 거의 모든 걸 살 수 있다.'
자본주의 시대를 살아가는
현대인에게 진리처럼 여겨지는
말입니다. 행복에 관해서도 다르지
않아서, 돈이나 물질적 부를 행복의
제일 요소로 생각하는 사람이
많습니다. 정말로 돈이 많으면
행복해질까요? 만약 그렇다면
얼마나 있어야 행복할까요?
가진 것보다 못 가진 게 더 많은
네 성직자가 말하는 돈(소유)과
행복의 상관관계를 들어 봅니다.

돈이 행복의 제일 조건일까

성진 스님 불교에서는 부자든 가난한 사람이든 차별하지 않습니다. 불교에서 말하는 행복은 돈의 유무와는 크게 상관이 없기 때문입니다. 간혹 행복의 문제를 이야기하면서 부를 축적하는 일을 부정하게 바라보는 시선이 있어요. 하지만 정당하게 벌어서 정당하게 부를 축적하는 것은 아무런 문제가 되지 않습니다. 문제는 행복의 조건을 오로지 '돈'에만 두는 것입니다. 반드시 돈이 있어야 행복하다거나 얼마 이상 돈이 있어야 행복할 수 있다고 정의하는 순간 삶은 미궁에 빠져 버립니다. 개인적인 얘기를 좀 하자면, 제가 삼수를 해서 동국대학교 불교학과에 입학했는데요. 그때 입학 원서를 아버지가 직접 가서 쓰셨어요. 왜 하나밖에 없는 아들을 불교학과에 진학시키셨을까, 나중에 제가 한번 물어봤어요. 보통의 부모라면 자식이 경쟁력 있는 학과를 나와서 좋은 직장을 잡길 바랄 텐데, 왜 그러셨냐고요. 아버지 말씀이 자기가 맨손으로 사업하고 돈도 벌고 다 해 봤는데 너무 힘들었다는 거예요. 돈이 잘 벌리면 더 벌고 싶어져서 힘들고, 돈이 없으면 없는 대로 또 힘들고. 그런데 저를 보니까 사람 좋아하고 치열하게 경쟁하면서 살 만큼 모질지 못해서, 그럴 바에는 세상과 좀 떨어져서 학자로 사는 게 낫겠다 싶으셨다는 거예요. 만약 부와 행복이 단지 돈의 유무 혹은 돈의 많고 적음으로 결정된다면, 저희 아버지는 하나밖에 없는 귀한 자식을 불행의 길로 이끈 사람일 겁니다. 또한 저는 누구보다 불행한 삶을 살았겠죠. 보시기에 어떤가요. 제가 불행해 보이시나요? 저는 지금 누구보다 행복한 삶을 살고 있습니다. 좋은 인연을 맺어 주신 아버지, 그리고 그 길을 무던히 걸어온 저 자신에게 감사하면서 말이죠. 제가 하고 싶은 말은 이겁니다. 돈, 버세요. 필요한 만큼 열심히 노력해서 많이 버세요. 다만 돈에 집착하고 끄달리는 삶을 살진 마세요. 돈이 행복을 가져다주리란 착각도 버리시고요.

김진 목사님 어떤 분이 조사를 해 봤다고 해요. 성경에

돈

55

돈 혹은 재물이라는 단어가 많이 나오는지, 아니면 신앙이나 믿음에 관련된 단어가 더 많이 나오는지. 결과는 돈과 재물이 훨씬 많다고 합니다. 이를 두고 여러 가지 해석을 내릴 수 있겠지만 압축하면 두 가지로 정리할 수 있을 것 같습니다. 첫째, 돈은 삶에서 매우 중요한 요소이다. 둘째, 돈은 신앙과 밀접한 관련이 있다. 첫 번째에 대해서는 일반인이든 성직자든 다들 공감하고 있죠. 그런데 두 번째에 대해서는 무관심한 경향이 있어요. 혹은 애써 외면하려고 합니다. 아무래도 돈이 탐욕이나 욕망 같은 부정적인 이미지와 자주 결부되고, 관련해서 여러 가지 사회적인 문제들이 생기다 보니까 맑고 성스러운 종교의 이미지를 지키려고 그런 것 같아요. 그런데 제가 성직 생활을 해 보니까 돈이 참 중요해요. 왜 중요하냐면 세상을 이롭게 만드는 데 돈이 유용한 방편이기 때문입니다. 돈은 직접적인 나눔의 수단이자 공동 번영을 위한 효과적인 도구예요. 우리가 하는 신앙 활동이 결국은 세상 사람들을 이롭게 하는 일이라면, 그 일에 있어서 돈은 아주 효과적인 수

단이 되어 줍니다. 그런 점에서 돈은 신앙과 밀접한 관계에 있다는 애깁니다. 그런데 돈의 긍정적인 가치를 제대로 교육하지 않고 자꾸만 부정적인 이미지만 강조하다 보니까 현실과 괴리감을 느끼는 사람들이 많아지는 것 같아서 안타깝습니다. 종교 안에서도 이런저런 모순적인 상황이 벌어지고요. 돈은 돈일 뿐이에요. 그 자체로 선하지도 악하지도 않습니다. 성경에서도 돈에 대해 옳고 그름을 논하지 않습니다. 단지 '돈을 사랑하는 것'을 죄의 뿌리라고 말하죠. 즉 돈에 집착하는 마음이나 행위는 죄라는 겁니다. 사람 사는 데 돈이 필요하고 중요하다는 건 누구나 알고 있듯이 종교에서도 마찬가지입니다. 헌금, 보시의 개념이 괜히 있는 게 아니에요. 그런데 그것을 잊은 채 돈에 집착하여 자신의 욕심을 채우고, 남을 멸시하고, 적극적으로 나누지 않는 것은 신앙적으로 잘못된 것입니다. 돈은 적극적으로 나눔과 사랑을 실천하는 도구입니다. 교회에서 강조하는 십일조의 참뜻도 여기에 있습니다. 자기 것의 십 분의 일을 공동체와 이웃을 위해 나눈다는 뜻이 있기 때

돈

문입니다. 자기 욕심의 십 분의 일을 덜어 낸다는 뜻도 있고요. 얘기가 좀 복잡해졌는데요. 핵심은 돈에 매달리지도 무시하지도 말자는 거예요. 돈의 긍정적인 가치를 알고 모두에게 이롭게, 바르게 쓰일 수 있도록 하자. 이것이 돈을 대하는 건강한 신앙인의 자세가 아닌가 합니다. 꼭 종교인이 아니더라도 일상을 살아가는 사람들이 돈을 바라보는 관점 역시 이와 같아야 하지 않을까 해요.

하성용 신부님 우리 사회는 부의 척도 내지 정의를 돈으로 매기는 경향이 있어요. 하지만 진정한 부자는 마음의 여유를 가진 사람이라고 생각합니다. 돈이 많아도 마음에 여유가 없으면 불행합니다. 남부럽지 않을 만큼 가진 사람들이 불행하게 지내는 모습, 반대로 경제적으로 풍요롭지 않아도 행복하게 사는 사람들을 어렵잖게 볼 수 있잖아요. 일례로 성당에서 고해성사를 하다 보면 부모님 유산을 두고 형제자매 간에 우애가 틀어진 얘기를 듣곤 합니다. 그때마다 제가 드리는 말씀이 뭐냐면, 부모님이 돈 버실 때 조금이라도 보탬이 된 적이 있느냐고 물어요. 대부분 없다고 답하죠. 그러면서 왜 부모님 돈에 욕심을 부리느냐, 다른 사람도 아니고 가족끼리 다툴 일이 뭐가 있느냐, 유산을 남겨 주신 부모님께 감사하면서 형편이 어려운 사람이 조금 더 가지면 될 일이 아니냐, 이렇게 조언해 줍니다. 참 슬픈 현실이에요. 아무리 돈이 중요해도 가족보다 소중한 건 아니잖아요? 너무 우리 사회가 돈, 돈 하면서 돈에 얽매여 살다 보니까 정작 소중한 걸 잊어 버리게 되는 게 아닌가 해요. 한편으로는 이런 세상일수록 사람들, 우리 사회가 더 건강해지고 건전해지도록 바른길로 이끌어 주는 게 종교인의 역할이 아닌가 합니다.

박세웅 교무님 돈과 행복감에 관한 흥미로운 통계가 있습니다. 월급 실수령액이 300, 400, 500만 원으로 순차적으로 오름에 따라 사람들이 느끼는 행복감도 높아진다고 해요. 그런데 그 이상이 되면 월급이 늘어도 행복감이 크게 높아지지 않는다고 합니다. 이것만 봐도 돈이 행복한 삶을 살아가는 데 절대적인 요소는 아니라는 걸 알 수 있습니다. 원불교에는 출가자나 재가자나 반드시 지켜야 할 30계문이 있습니다. 그중 돈과 관련된 내용이 세 가지 있는데요. 공금을 남용하지 말 것, 친구[心交] 간에 돈을 주고받지 말 것, 금은보패 구하는데 정신을 뺏기지 말 것입니다. 이 중 세 번째 계문을 주의 깊게 볼 필요가 있습니다. 돈, 그러니까 재물을 구하지 말라는 게 아니라 단지 그것에 매몰되지 말라는 것입니다. 목사님이 말씀하신 것처럼 돈은 현대 자본주의 사회에서 필수적인 도구입니다. 돈 없이 살 수 없어요. 하지만 바른 정신으로 돈을 구하고 사용할 줄 알아야 한다는 겁니다. '왜 나는 돈이 필요한가?'라는 질문이 출발점이 될 수 있을 거예요. 무언가를 얻기 위해서라고 대충 얼버무리지 말고, 진지한 태도로 자기 자신에게 물을 수 있다면 돈도 진지하게 자신을 대할 거라고 생각합니다.

성진 스님 열심히 공부해서 좋은 대학교 나와 돈 많이 벌어라. 표현은 다를지 몰라도, 한국 사회에서 부모가 자녀에게 심어 주는 가장 기본적인 삶의 태도일 겁니다. 좋아요, 그럴 수 있습니다. 그런데 이것 말고 다른 가치관도 심어 줄 수 있어야 하는데 그러질 못합니다. 삶의 목적이 오로지 돈에만 치중돼 있어요. 이 문제에 대해서는 우리 모두가 반성해야 합니다. 특히 바람직한 삶의 가치관을 세워 줘야 할 임무를 띤 종교가 그 역할을 제대로 수행하지 못한다는 건 말이 안 돼요. 세상이 점점 물질적인 것에 빠져들더라도, 현실이 그러니 어쩔 수 없다고 다들 말하더라도, 절대로 물러서지 않고 다른 중요한 가치들을 이야기하고 심어 주어야 하는 게 종교의 역할입니다. 여기에는 타협이 있을 수 없습니다.

김진 목사님 제가 예전에 하나님께 이렇게 기도한 적이 있어요. '하나님, 저한테 돈이 없어도 당신의 일이라면 능히 해낼 힘을 주시옵소서. 아니면 돈을 잘 벌게 해 주세요. 그것도 아니면 돈 많은 사람이 제 옆에 있게 해

주세요.' 인도에서 아쉬람을 지을 때였는데요. 공사 자금이 부족해서 완공을 못 한 채 방치되다시피 하다가 1년 반 정도 지났을 때 마침내 완성할 수 있었어요. 비로소 '되어질 일은 어떻게든 되게 되어 있다'라는 말의 의미를 깨달았습니다. 정말 그렇더라고요. 될 일은 되어집니다. 하늘의 뜻은 돈이 있다고 이뤄지는 것도 아니고, 돈이 없다고 안 되는 것도 아니에요. 그러니 너무 돈에 마음을 두지 마시기를 바랍니다.

성직자의 한 달 생활비

하성용 신부님 연차에 따라 다른데요. 제가 사제 서품받은 지 15년 됐는데 대략 220만 원 정도 나옵니다.

김진 목사님 많이 올랐네요, 신부님.

하성용 신부님 네, 많이 올랐습니다. 참고로 저희는 저축

할 필요가 없습니다. 노후 보장이 확실하거든요. 병원비도 공짜고요. 부러우면 오세요. 사제의 길은 활짝 열려 있습니다(웃음).

성진 스님 저도 신부님과 비슷합니다. 저 같은 경우는 종단에서 생활비를 받는데, 이것저것 세금 제외하고 나면 200만 원 정도 됩니다. 그 돈으로 밥값 쓰고 의료비 쓰고 자동차 할부금 내고 그러죠.

박세웅 교무님 다른 종교에 비하면 원불교는 스타트업에 가까워서 급여가 적습니다. 일반적으로 받는 돈이 한 달에 45만 원 정도 돼요. 기본급이 그 정도이고, 결혼하면 생활지원금으로 조금 더 줍니다. 그래 봐야 최대 200만 원이 안 될 거예요. 저는 학교에서 일하다 보니까 상대적으로 급여가 높은 편인데, 의무적으로 교단에 내야 하는 의무성금 등을 제외하고 나면 실수령액이 200만 원 정도 됩니다.

김진 목사님 개신교 목사는 개인 사업자라서 고정 수입은 없고 대신 교육 횟수에 수입이 정비례합니다. 저처럼 30년 정도 목회 활동하고 담임목사가 되었다고 가정하면, 한 달에 300만 원 정도 받는다고 보면 돼요. 그런데 목사들은 가정이 있으니까, 실제로 본인이 사용할 수 있는 돈은 얼마 안 됩니다. 다들 그만큼 버는 것도 아니고요. 한국교회 중 60%는 자립을 못 할 만큼 환경이 열악해서 수입이 적은 분이 훨씬 많습니다. 그래서 요즘 한국교회의 화두 중 하나가 목사들의 '투잡'을 허용할 것이냐 하는 거예요. 저마다의 이유로 된다 안 된다 의견이 분분한데, 핵심은 경제력이 상당히 불안정한 상태라는 겁니다.

하성용 신부님 참고로 저희는 직영점이라서 '투잡' 금지입니다. 신학생도 아르바이트를 못 해요.

성진 스님 스님도 '투잡'을 못 가집니다. 계율에 나와 있진 않지만, 이 머리에 이 복장을 하고서 일할 수 있는

데가 없어요.

김진 목사님 여러모로 볼 때 신부님이 가장 풍족하네요. 받는 대로 다 개인 용돈이잖아요.

하성용 신부님 부러우면 지는 겁니다(웃음).

무소유, 가난할수록 행복하다는 말

성진 스님 불교에서 말하는 무소유의 개념은 무상과 무아의 가르침과 연결되어 있습니다. 모든 것은 영원하지 않다는 것이죠. 여기에는 소유의 대상뿐만 아니라 소유하는 사람도 포함되어 있습니다. 가지려는 것도 가지려는 사람도 영원하지 않다는 얘깁니다. 이런 관점에서 무소유를 이해할 필요가 있어요. 결론만 말하면 집착하지 말라는 겁니다. 영원하지 않은 것에 집착해 봐야 소용이 없으니까요. 그저 가지지 말라, 가난하

돈

게 살라고 하는 차원의 말이 아닙니다.

김진 목사님 우리나라에서 무소유라는 말이 유행한 건 법정 스님의 영향이 컸을 겁니다. 법정 스님이 『무소유』라는 책을 쓰기 시작한 게 인도 여행을 다녀온 후라고 알고 있는데요. 실제로 제가 인도에 가 보니까 아쉬람에서 제일 중요한 계명이 무소유였습니다. 재밌는 건 인도 말에 '소유하다'라는 동사가 없다는 거예요. 영어로 '소유하다(have)'로 번역되는 인도 말의 본래 뜻은 '가까이 있다'입니다. 가까이에 있을 뿐 소유한 게 아니니 집착하거나 욕망할 필요가 없겠죠. 언제든 다른 데로 가 버릴 수 있으니까요. 개신교에도 무소유와 일맥상통하는 개념이 있습니다. 청지기론이라고 해서, 모든 것은 하나님이 잠시 우리에게 맡겨 놓은 것이지 자기 소유가 아니라는 가르침입니다. 우리가 해야 할 일은 그것을 잘 관리하는 것입니다. 그러니까 '무소유=가지지 않음=가난' 이런 식으로 단어의 표면적인 의미에만 매달리지 말고 청지기의 뜻을 이해하면 무소유

혹은 소유에 대한 관점이 전혀 다르게 다가올 겁니다.

성진 스님 목사님 말씀처럼 단어의 일차적인 의미만을 생각하면 오해가 생길 수밖에 없어요. 반대급부로 소유에 대한 관념이 강해지는 결과가 초래되기도 하죠. 대신 무상, 맡겨 놓음과 같은 관점에서 이해하면 어떨까요. 영원하지 않고 내 것이 아니니까 얼마든지 베풀고 나눌 수 있게 됩니다. 불교에서 말하는 보시바라밀, 나아가 무주상보시가 가능한 것도 이런 관점에서입니다. 내 것을 남에게 준다고 하면 쉽지 않습니다. 하지만 원래 내 것은 없고 함께 나누기 위해서 들어온 것이라고 생각하면 조금은 소유욕이 줄어들 수 있을 겁니다.

하성용 신부님 교회에서 말하는 '가난'은 '마음이 가난함'을 뜻합니다. 헛된 욕심이 없고 이기심 없는 태도를 가리키는 말이죠. 예수님께서 말씀하시길 "가난한 사람은 행복하다. 하늘나라가 너의 것이다"라고 하셨는데, 이를 곧이곧대로 이해하면 말이 안 되잖아요. 현실

돈

을 고려하지 않은 무책임한 말처럼 들리기도 합니다. 하지만 참뜻은 그게 아니에요. 네가 무엇을 얼마나 가졌든지 간에 베풀 줄 아는 마음을 가지라고 말씀하신 겁니다.

박세웅 교무님 무소유의 뜻을 더 정확히 표현하면 무집착입니다. 무소유든 소유든 말은 크게 중요하지 않아요. 이분법적 시각으로 어느 것이 더 낫다고 판가름하려 들 필요가 없습니다. 더 가지려는 것도, 안 가지려는 것도, 가진 것을 지키려는 것도 집착이 될 수 있으니까요. 진리의 관점에서 볼 때 어디에도 얽매임이 없는 자유로운 상태야말로 무소유의 참 의미입니다.

성진 스님 사람들이 무소유의 의미를 단편적이고 편협하게 받아들이게 된 것에 대해 불교계가 반성해야 할 점이 있다고 봅니다. 무소유라는 말이 유행하니까 그걸로 불교 이미지를 포장하고 꾸미기 바빴어요. 마치 가난이 최고의 가치이고, 스님은 다들 가난하게 사는 것처럼 말이죠. 아니에요. 불교 안 가난해요. 가난하면 어떻게 그렇게 큰 기와지붕 얹은 집 짓고 살겠어요. 부처님도 그런 말씀하신 적이 없어요. 그렇게 편의적으로 이미지를 쌓아 왔던 게 부메랑이 되어서, 이제는 스님이나 한국불교를 비판하는 잣대로 사용되고 있어요. 반드시 바로잡아야 합니다. 불필요한 것을 가지지 말고 검소한 삶을 살며, 나눔과 베풂의 미덕을 강조하는 말인 무소유의 참뜻을 정확히 알려 줘야 해요.

절대적 빈곤에 관하여

성진 스님 절대 빈곤의 문제는 개인의 문제가 아닙니다. 자본주의가 만들어 낸 구조적인 문제죠. 그러니 이것을 단지 개인의 노력 차원으로만 이야기하면 안 됩니다. 공동 번영에 대한 인식이 먼저 확립되어야 해요. 먹고 살기 바쁘다는 핑계로 모른 척했다가는 언젠가 빈곤의 칼날이 나에게로 돌아오는 날이 올 겁니다.

하성용 신부님 장기적으로는 제도 개혁이 필요하겠지만, 그 외에도 우리가 해야 할 일이 있습니다. 바로 어려운 형편에 있는 사람들 곁에 있어 주는 거예요. 명동 성당에 밥 먹으러 오는 노숙자들과 만나서 이야기를 나눠 보면, 그들에게 필요한 건 밥만이 아니라 함께 이야기 나눌 수 있는 누군가라는 사실을 알 수 있습니다. 단지 짧은 위안일 뿐이라고 말할 수도 있지만, 그런 사소해 보이는 일이야말로 종교가 나서서 해야 할 역할이 아닐까 해요. 따뜻한 말 한마디, 귀 기울여 들어 주는 것만으로도 큰 힘이 된다고 말하는 분들을 많이 보았습니다.

김진 목사님 서글픈 현실은 많은 사람이 자기 주변에 절대 빈곤으로 힘들어하는 사람이 있다는 걸 모르고 지낸다는 겁니다. 누군가 죽고 나서야 그 사실을 알게 되죠. 조금은 주변을 돌아볼 줄 아는 삶을 살았으면 합니다. 마더 테레사 수녀님의 일화 중에 이런 이야기가 있어요. 어느 날 수녀님이 가난한 집을 방문해서 음식을 나눠 주었는데, 음식을 받은 사람이 그것을 들고 집을 뛰쳐나가더래요. 알고 보니 자기보다 더 가난한 옆집 사람들에게 음식을 나눠 주러 갔다는 겁니다. 그 모습을 보면서 수녀님은 큰 감동을 받으셨고, 그들이 참 행복한 사람들이라고 말씀하셨어요. 자신들 또한 가난으로 고통스럽지만 이웃의 고통에 눈감지 않고 사랑과 자비의 마음을 잃지 않았으니까요. 요즘 사람들은 절대 빈곤 문제가 어디 다른 나라의 일인 줄로만 생각하는 경향이 있는데요. 그렇지 않습니다. 여전히 우리 앞에 있는 현실이에요. 이 사실을 잊지 말았으면 합니다.

박세웅 교무님 사실 구조적인 문제는 종교의 힘만으로 바꿀 수 있는 게 아닌 것 같아요. 그렇다면 종교인으로서 할 수 있는 일이 무엇일까, 내 역할은 무엇일까, 이런 고민을 해 보게 됩니다. 제가 드리고 싶은 말씀은, 절대적 약자라거나 가난하다고 해서 스스로의 생명을 가치 없다고 여기지 말라는 겁니다. 부처님도 하나님도 말씀하셨잖아요. 모든 사람에게는 본래 타고난 천

돈

성·불성이 있다고요. 비록 현실이 고달파서 이런 말이 마음에 와닿지 않을 수 있지만 결코 그 사실은 변하지 않습니다. 생명의 가치는 가난하다는 이유로 포기할 만큼 가벼운 것이 아닙니다.

성진 스님 매년 동짓날이 되면 쪽방촌 같은 곳에서 팥죽 나누는 일을 합니다. 그날에는 주는 쪽도 받는 쪽도 종교를 떠나서 한마음으로 한자리에 모여요. 이런 활동을 하다 보면 한편에서는 응원하고 함께하려는 사람들이 생겨나지만, 다른 한편에서는 비관적인 얘기를 듣기도 합니다. 그래 봐야 소용없다, 도와주는 건 한도 끝도 없다는 식의 얘기들이죠. 알고 있습니다. 쉽게 안 바뀝니다. 하지만 그렇다고 손 놓고 있을 수는 없잖아요. 최소한의 의식주 문제라도 해결할 수 있게끔 도와주어야 합니다. 할 수 있는 작은 일이라도 해야 합니다. 그런 마음들이 모이고 모일 때 사회적인 공감대가 형성되고, 그것이 토대가 되어 구조적인 문제도 해결할 수 있는 길이 열릴 테니까요.

박세웅 교무님 최근에 저희가 마이클 잭슨의 '힐더월드 (Heal The World)'라는 곡을 함께 불렀는데요. 가사 중에 이런 구절이 있어요. 'Heal the world, Make it a better place, For you and for me.' 우리가 나누려는 이유, 조금 더 나은 세상을 만들어 가려는 것은 너와 나 모두를 위해서라는 말입니다. 저는 이 노래를 부르면서 마이클 잭슨이라는 가수가 깨침을 얻었나 하는 생각마저 들었습니다. 세상을 나와 타인으로 나누어 보지 않고 한 가족으로 바라보고 있다는 점에서요. 우리도 이렇게 살아갔으면 하는 바람입니다. 절대 빈곤에 허덕이는 이들을 남이 아닌 내 가족, 함께 살아가야 할 공동체로 여길 수 있다면 적어도 이들을 외면하는 일은 없을 겁니다.

김진 목사님 소위 자선사업 한다는 사람들이 조심해야 할 것 중에 하나가 '일방적으로 시혜(施惠)한다'라는 마음입니다. 네가 불쌍하니까 내가 가진 걸 나눠 줄게 하는 생각. 여기에는 나는 너와 다르다는 구분, 심지어 우월의식이 깃들어 있을 가능성이 있습니다. 우리가 나

돈

눔을 실천할 때 항상 동등한 생명체로서 상대를 존중하는 마음을 잊지 말아야 합니다. 나아가 물질의 일부를 나누는 데 그치지 말고 더불어 그들의 삶에 힘과 용기를 북돋아 줘야 합니다. 그렇게 할 때 그들 스스로 주체적으로 다시 일어설 수 있고, 우리 또한 지치지 않고 나눔과 자비의 실천이 지속적인 기쁨이 되는 그런 삶을 살아갈 수 있습니다.

[한마디로 말하면!]

돈은 __이다

하성용 신부님   돈은 잘 가져야 한다. 모든 사람이 돈만 가지면 다 해결될 것처럼 생각하고, 돈 버는 데 수단과 방법을 가리지 않으려고 해요. 하지만 돈의 쓰임을 알고 잘 쓸 수 있는 사람이 돈을 가져야지, 그렇지 못한 사람이 돈을 가지면 돈이 삶을 좀먹는 족쇄가 됩니다. 자신만 좀먹는 게 아니라 남도 못살게 할 수 있어요.

성진 스님 돈은 나보다 뒤에 있어야 한다. 돈을 앞에 두고 아무리 좇아 봐야 못 따라잡습니다. 머지않아서 '조금만 더'라는 이름의 늪에 빠져 버리고 말죠. 돈은 상대적인 거예요. 아무리 돈이 많아도 나보다 더 많이 가진 사람을 보면 상대적 박탈감을 느낍니다. 그러니 돈을 좇지 마세요. 자기 삶의 의미가 돈보다 앞에 있어야 합니다.

김진 목사님 돈은 중요하다. 돈을 가볍게 여겨서는 안 됩니다. 돈의 노예가 되라는 말이 아니에요. 오해하지 마세요. 돈이 얼마나 가치 있고 유용하게 쓰일 수 있는지를 알라는 말입니다.

박세웅 교무님 돈은 도(道)다. 자본주의 사회에서 돈은 의식주를 해결하는 데 반드시 필요합니다. 이런 돈을 바르게 구하고 바르게 사용할 줄 아는 정신을 가진다면, 돈 혹은 돈벌이도 마음을 단련하는 훌륭한 도구가 될 수 있습니다.

돈

열심히 노력해서
필요한 만큼 버세요.
다만 돈에 집착하는
삶을 살진 마세요.
돈이 행복을 가져다주리란
착각도 버리시고요.

관계

예전에는 주변에 사람이 많은 것을
복(福)으로 여겼습니다. 지금은
어떤가요? '타인은 지옥이다'라는
말이 유행할 만큼 사람이 곧 병이요
스트레스로 여겨지는 세상입니다.
치열하고 복잡한 인간관계 속에서
상처받는 일이 많다 보니, 세상과
단절하고 마음의 문을 닫는 사람이
늘고 있습니다. 사람 없이 살 수
없는 게 사람 인생인데, 어떻게
하면 신뢰를 바탕으로 한 건강한
인간관계를 만들어 갈 수 있을까요?
행복의 걸림돌이 아닌 주춧돌이
되어 주는 '관계'에 대해 들어
봅니다.

十
권
十
ㅇ

사람이 스트레스가 되지 않으려면

성진 스님 인간은 태어나는 순간부터 관계 속에서 살아 갈 수밖에 없는 존재입니다. 부모 자식 관계라는 게 바로 생겨 버리잖아요. 그리고 자라면서 자연스럽게 학교, 직장, 사회에서 수많은 관계를 쌓아 가죠. 즉 관계는 삶의 기본 구성요소입니다. 그런데 요즘 많은 사람이 관계를 힘들어하는 것 같아요. 관계 맺기든 관계 끊기든 말이죠. 저는 그 이유가 관계 속에서 자기 존재를 해석하는 힘이 약해졌기 때문이라고 봅니다. 불교에서는 관계를 인연이라고 말합니다. 인연은 억지로 되는 게 아닙니다. 자연히 이루어지죠. 좋다고 해서 영원히 붙들고 있을 수 없고, 싫다고 해서 당장 내팽개칠 수 없습니다. 그런 인연으로 얽힌 게 이 세상, 사바세계예요. 그런데 스스로에 대한 확신과 소신, 뚜렷한 가치관이 없이 살다 보니까 관계가 점점 힘들게 느껴지는 겁니다. 인연이라는 관계 안에는 이미 싫은 것과 좋은 것이 함께 있는데, 인연관계에 대한 가치와 의미를 자기 안

종교는 달라도 인생의 고민은 같다

에 만들어 놓지 못해서 관계의 무게에 주저앉는 거예요. 이것이 저는 요즘 사람들이 호소하는 관계의 어려움, 그 시작이라고 봅니다.

하성용 신부님 사람과 사람이 만나다 보면 마음에 드는 면도 있고 마음에 들지 않는 면도 있기 마련입니다. 아무리 친한 사이라고 해도 모든 게 한마음 같을 순 없어요. 세상에 나와 똑같은 사람은 아무도 없으니까요. 관계상의 다양성은 인간을 성숙하게 만드는 힘입니다. 서로 좋은 점은 키워 나가고 다른 점은 수용하고 개선해 나가면서 배우고 발전해 가는 겁니다. 이러한 관계의 기본 속성을 이해하지 못하고 좋고 싫음 혹은 옳고 그름이라는 잣대로 생각하면 힘겨워지는 겁니다. 애정 어린 조언의 말조차 간섭으로 느껴집니다. 마음에 안 들면 안 보고 살면 그만이라고 쉽게 생각할 수 있지만, 그런 태도는 삶에 도움이 되지 않습니다. 스스로를 편협하게 만드는 지름길이죠.

김진 목사님 어쩌면 우리 사회가 모든 것을 경쟁적으로 바라보는 데 익숙해져서 그런 게 아닌가 해요. 존재 대 존재로서 순수하게 서로를 대하는 게 아니라 은연중에 경쟁 상대로 여기기 때문에 마음을 활짝 열 수 없는 거죠. 우선은 이런 관점을 조금 바꿀 필요성이 있고요. 여기에 더해서 좋은 관계 형성을 위해서는 '3S'가 필요하다고 봅니다. 미소(Smile), 부드러움(Smooth), 세심함(Sensitive). 특히 요즘 같은 시대에는 세심함이 중요한 것 같아요. 상대방이 어떤 심리 상태인지 공감하고 헤아리지 못하면 대화의 진의를 파악하지 못하고 오해하거나 성급하게 판단해 버리기 쉽습니다. 세상에 쉽고 편하면서 좋은 건 그리 많지 않습니다. 관계도 그래요. 건강하고 생산적인 관계 형성을 위해서는 최소한의 자기 노력이 요구됩니다.

박세웅 교무님 추기급인(推己及人)이라는 말이 있습니다. 자신을 미루어서 다른 사람을 헤아린다는 뜻인데요. 내가 좋으면 남도 좋을 거라고, 내가 싫으면 남도 싫어할 거라고 넘겨짚는 태도를 말합니다. 가족이나 친구처럼 막역한 사이일수록 당연히 그럴 거라고 생각하는 경향이 있어요. 이는 관계를 어긋나게 하는 씨앗입니다. 반대로 생각해 볼 필요가 있어요. 나는 좋은데 저 사람은 어떻게 생각할까, 나는 싫은데 저 사람은 어떨까. 이런 배려심이야말로 상생의 관계를 만들어 가는 지혜입니다. 소태산 대종사님은 사랑으로 맺어진 관계일수록 경외심을 가지라고 말씀하셨습니다. 서로 간에 항상 조심하고, 존경하고, 격려하는 마음을 놓지 말라는 뜻입니다. 연인이든 친구든 부부든 시간이 오래 지나면 소홀하거나 대수롭지 않게 생각하기 쉽지만, 그런 사이일수록 함부로 대해서는 안 됩니다. 곁에 오래 있었다는 건 그만큼 나에게 소중한 존재라는 의미일 테니까요.

성진 스님 승패병가지상사(勝敗兵家常事)라는 말이 있듯이 관계도 마찬가지예요. 좋을 때가 있고 더러 나쁠 때도 있죠. 그런데 요즘 연인이나 부부를 상담해 보면 다들 갈등을 못 견뎌 해요. 왜 그런 문제가 발생했는지 원인을 찾아서 해결하려고 하지 않고 손쉽게 단절로써 해결책을 삼습니다. 당장은 좋을 수 있어요. 간단하니까요. 하지만 그런 일이 반복되면 관계 자체에 대한 회의감에 빠져 버려요. 아까도 말했듯이 인간은 관계 없이는 살 수 없는 존재인데 관계에 대한 불신과 회의로 가득 차 있다면, 그런 사람의 인생이 어떨지 불 보듯 뻔하지 않나요.

김진 목사님 최근 몇 년간 코로나바이러스가 기승을 부리면서 '거리두기'라는 말이 유행했는데요. 관계에도 적절한 거리두기가 필요하다고 생각합니다. 너무 상대방의 인생에 관여하려는 태도를 조심해야 해요. 내가 남의 인생을 좌지우지할 수 없고 또 책임질 수 없습니다. 어떤 사람들은 애정이 과해서 혹은 선한 영향력을 끼친다는 생각으로, 감정적으로나 실제적으로 타인과 적당한 거리를 두지 못하고 너무 찰싹 붙어 있어서 오히려 이것이 관계를 어렵게 만들기도 합니다. 내 자녀,

내 친구, 내 연인이라는 지나친 생각을 버려야 상대방을 객관적으로 볼 수 있고 그 사람에게 정말로 필요한 게 무엇인지 알고 그것을 나눌 수 있습니다. 집착과 무관심 사이의 어디쯤, 저는 이것을 '창조적·생산적 거리'라고 말하고 싶습니다.

박세웅 교무님 저희가 꼭 목사님이 말씀하신 그런 사이인 것 같네요. 매너 있게 만나는 사이.

성진 스님 맞아요. 우리가 지금 '만남중창단'이라는 이름으로 모여서 같이 연습하고 활동하고 있지만 불필요하게 사적으로 서로에게 깊이 파고들어 가지는 않으니까요.

김진 목사님 각자의 삶에 대한 존중이죠.

마음의 문을 닫는 사람들: 은둔형 외톨이

성진 스님 은둔형 외톨이란 말 그대로 숨어 사는 사람을 말하는 거잖아요. 그래서 그런 분들을 직접 만나기가 쉽지 않아요. 대신 주변인을 만날 수는 있죠. 저는 세상과 단절한 채 사는 딸은 둔 부모를 만난 적이 있어요. 원래는 밝고 활동적인 성향의 딸이었는데, 믿었던 사람에게 사기를 당하고 사업도 실패하고 하다 보니까 그렇게 된 것 같다고 하더라고요. 아예 문밖으로 나오지 않고 밤에만 잠깐 화장실을 다녀오곤 한대요. 가족들조차 얼굴을 볼 기회가 없다고 해요. 그런데 아버지가 돌아가시고 절에서 49재를 지내는데 딱 한 번 절에 왔어요. 가만히 땅만 내려다보고 있길래 다가가서 대화를 좀 나눠 보려고 했는데, 정상적인 대화가 안 되더라고요. 그렇게 있다가 가셨죠. 항상 가족이 곁에 있다는 걸 잊지 마시라, 어떤 계기로든 마음이 풀리면 찾아오시라, 이런 정도 말밖에는 해 줄 수가 없겠더라고요. 그때 그분을 보면서 가족의 역할이 얼마나 중요한지 새삼 느꼈습니다. 상태가 아직 심각하지 않을 때 가까이 있는 분들이 더 적극적으로 도와줘야 합니다. 시간이 흐를수록 되돌리기가 쉽지 않아요. 방문이 닫히기 전에, 마음의 문이 닫히기 전에, 바깥에 있는 사람들이 안으로 들어가야 합니다.

하성용 신부님 스님 말씀에 전적으로 동의합니다. 은둔형 외톨이는 원래부터 정신적으로 문제가 있는 사람이 아니에요. 경제적인 이유든 관계적인 이유든, 그렇게 된 배경이 반드시 존재합니다. 문제는 부모나 다른 가족이 초기에 이를 진지하게 여기지 않는다는 거예요. 심각해지고 나서야 문제를 인식합니다. 대응 순서도 잘못되었어요. 문제가 생기면 가장 먼저 전문가를 찾아가서 상담을 받고 진료를 받아야 하는데, 일단은 부모가 어떻게든 해보려고 합니다. 시간이 지나면 나아지겠지 하는 안일한 생각으로 말이죠. 그러다 안 되면 저희 같은 종교인의 도움을 받아 볼까 하고 찾아오기도 해요. 그땐 사실 이미 늦은 겁니다. 가족이나 종교

관계

인은 전문가가 아니에요. 우리가 해 줄 수 있는 일이 분명히 있겠지만, 그건 어디까지나 보조적인 수단에 불과합니다. 아직 마음의 문이 꽉 닫히지 않은 사람, 조금의 틈이 있는 사람이 마음의 문을 더 활짝 열 수 있도록 돕는 게 우리 역할이지 닫힌 문을 여는 건 할 수 없어요. 이 점을 명심해야 합니다. 하느님께 기도한다고 해서 아픈 몸이 낫지 않습니다. 그렇게 말하고 믿는 건 전적으로 잘못된 신앙이에요. 사이비가 그러잖아요.

김진 목사님 요즘 방송 같은 데서 관련 사례를 보면, 다들 어떻게 해서든 그들을 도우려고 무진장 애를 씁니다. 여러 가지 대안도 제시하고요. 그런데 한편으로는 조금 기다려 주는 것도 필요하지 않을까 하는 생각이 들어요. 스스로 문을 열고 나올 때까지 무작정 내버려 두라는 말이 아니고요. 차분히 옆에 있어 주면서 기다리는 거예요. 세심하게 지켜보면서 말이죠. 저는 분명 신호가 올 거라고 봐요. 그 신호를 놓치지 말고 적절하게 반응해 주는 게 지혜로운 방식이 아닐까 합니다. 물론 누가 봐도 심각한 수준이라면 당장 전문가의 도움이 필요하겠지만, 그런 정도가 아니라면 오히려 섣불리 상황을 바로잡으려는 행동이 문제를 더 악화시킬 수도 있다고 봅니다.

하성용 신부님 목사님 말씀을 듣고 보니까 이런 생각도 드네요. 상담을 하다 보면 부모들이 이런 식으로 말을 많이 해요. '우리 아이가 원래는 이랬는데.' 이 말을 달리 해석하면 부모가 아이의 변화를 인정하지 못한다는 뜻이에요. 원래가 어디 있나요? 정해진 게 있어요? 그런 게 있더라도 살면서 달라지는 게 정상 아닐까요. 그걸 인정하지 못하니까 자꾸만 닦달하게 되고 문제가 아닌 일을 문제로 만드는 경우도 많다고 봅니다.

김진 목사님 정말이지 안타까운 게 뭐냐면, 아이들이 사고를 치거나 극단적인 선택을 하고 나서 부모들이 하는 말이에요. '그럴 줄 몰랐다.' 이건 말이 안 되는 거예요. 다른 사람은 몰라도 가족, 부모는 알았어야죠. 한순간에 그런 선택을 하는 사람은 없습니다. 그러기 전까지 여러 번 신호를 보내요. 저러다 말겠지 하고 대충 넘겨 버리니까 보이지 않고 들리지 않는 겁니다. 관계에서의 세심함, 예민함은 가까운 사이일수록 더욱 필요하다는 걸 알았으면 좋겠습니다.

박세웅 교무님 저 역시 소위 '은둔형 외톨이'라고 불리는 분을 직접 만나 본 적은 없습니다. 대신 부모나 지인을 상담한 적은 있어요. 그때마다 제가 들려주는 이야기가 있습니다. 이솝우화의 '바람과 해님' 이야기예요. 바람과 해님이 나그네의 옷을 벗기는 시합을 하는 내용, 다들 아시죠? 누구나 저마다의 경향성이라는 게 있어서 천편일률적으로 적용할 수 있는 해결책은 없다는 의미로 이 우화를 비유로 들어 줍니다. 우선은 신뢰, 믿음을 심어 주어야 하고요. 그다음으로는 각자 상황에 맞는 대화법을 찾아야 합니다. 예를 들어 말문을 닫은 사람에게 육성으로 대화를 시도하는 건 별로 효과적이지 않을 겁니다. 그보다 종이에 메시지를 적어 보내거나 휴대전화 어플을 활용하는 게 나을 수 있습니다. 핵심은 내가 아닌 그들의 입장에서 무언가를 시도해야 한다는 거예요.

성진 스님 교무님 말씀이 정말 중요한 것 같습니다. 주변인이 자기 입장에서 해결책을 제시하면 그건 또 다른 부담으로 다가올 수 있어요. 그러니까 그 사람이 원하는 대로, 원하는 흐름으로 흘러가게 상황을 만들어주는 게 무엇보다 중요합니다. 실제로 전문가들도 비슷하게 말합니다. 만약 그들이 문을 열고 나오면 아무일 없다는 듯 반응하라고요. 하던 것 계속하라고요.

관심받고 싶어 하는 사람들: 관종

성진 스님 관심과 애정을 갈구한다는 측면에서 은둔하는 사람이든 '관종'이든 본질은 같다고 봅니다. 간섭은 절대 'No', 관심은 절대 'Yes'. 어느 쪽으로 치우쳐 있느

냐가 다를 뿐이죠. 결국은 자존감이 열쇠입니다. '나'
의 존재 이유를 자꾸 다른 데서 찾다 보니까 이런 문제
가 발생하는 거예요. 거듭 말하지만 부모의 역할이 중
요해요. 외모나 성적 같은 눈에 보이는 것이 아니라 내
면의 것, 비교할 수 없는 무형의 가치를 알려 줘야 합니
다. 항상 부모는 아이에게 '너의 존재는 나에게 최고의
행복이고 가장 소중한 존재'라고 말해 주어야 합니다.
그럴 때 외적인 요소에 자신의 가치 기준을 맡기지 않
을 수 있습니다.

하성용 신부님 성당에서 아이들을 만나 보면 그런 성향
의 아이들이 종종 있습니다. 유심히 살펴보면, 관심을
갈구하는 아이들일수록 실제로는 사랑을 충분히 받지
못한 경우가 많아요. 가족 내에서 말이죠. 집에서는 이
러저러한 이유로 관심을 못 받는데, 성당에 오면 신부
님이 관심을 가져 주니까 좋아합니다. 그런 모습을 보
면 안쓰러워서 제 전화번호를 알려 주기도 해요. 그러
면 밤낮없이 전화가 걸려 옵니다. 보통 신자들은 전화

번호를 알려 줘도 전화를 잘 안 하거든요. 왠지 좀 어색하고 어렵고 그러니까요. 그런데 애들은 시도 때도 없이 연락합니다. 잠도 안 자나 봐요. 가끔은 그런 게 피곤하기도 하지만 가능하면 내가 해 줄 수 있는 걸 다해 주려고 노력합니다. 제가 그들에게 자주 해 주는 말은 관심받고 싶어 하는 마음이 나쁜 게 아니라는 거예요. 다른 사람에게 잘 보이고 싶고, 인정받고 싶고, 돋보이고 싶은 건 다들 마찬가지잖아요. 다만 특정인의 관심만을 줄기차게 요구한다거나 몰래 숨어서 관심을 요구하지 말고, 사람들을 두루 사귀고 어울려 지내면서 그 속에서 빛날 수 있는 자신만의 무언가를 찾고 계발하면 좋겠다고 말해 줍니다. 하느님께서 그런 달란트를 너에게 주었으니 한번 믿고 찾아보라고요.

김진 목사님 '관종'이라는 말에는 부정적이고 비아냥대는 듯한 어감이 담겨 있지만, 관심받고 싶어 하는 마음 자체는 부정적으로 볼 필요가 없습니다. 어떤 면에서는 좋은 동기가 될 수도 있습니다. 관심받기 위해서 자신을 연마하고 노력할 수 있으니까요. 단지 그것에 너무 집착한 나머지 다른 사람을 수단으로 이용하려는 태도, 그리고 자기를 향하던 관심이 사라졌을 때 찾아오는 상실감이 문제일 듯해요. 저는 '관종' 같은 말을 들을 때면 언어의 무서움을 새삼 실감합니다. 사람들이 관심받길 원하는 건 갑자기 생겨난 현상이 아닙니다. 그런데 관종이라는 단어가 유행하고 미디어 등에서 자극적으로 확대·재생산되면서 문화현상으로 굳어지는 것 같아요. 잘못된 '관종'이 되려는 사람들과 남을 '관종'이라고 무시하는 문화의 팽배가 느껴집니다. 마치 일본의 '이지메'에서 옮겨 온 '왕따'가 아이들 사이에 유행이 되고 문화가 된 것처럼요. 방송에서 일본의 이지메 문화와 그것의 문제점을 보도하기 시작하면서 우리나라에도 '왕따문화'가 급속히 퍼지고 사회적 문제가 되어 버렸거든요. 이제는 조금만 자신을 당당하게 표현하고 눈에 띄는 행동을 하면 '관종'이라고 몰아가 버립니다. 이런 사회적 시선이 관종 문제를 부풀리는 더 큰 원인이 아닐까요?

박세웅 교무님 청소년이나 청년들이 참여하는 법회나 프로그램을 진행하다 보면 유달리 남들의 이목을 끌려는 아이가 반드시 있습니다. 그런 아이들은 대개 신부님 말씀처럼 내적으로 결핍된 경우가 많습니다. 방어기제의 형태로 과한 행동이 나타나는 거죠. 그런 아이들에게는 조심스럽게 빈 수레에 비유해 이야기를 들려줍니다. 수레를 열심히 몰아가는 것도 좋지만, 지금 네 수레에 무엇을 채워 가고 있는지 돌아보면 더 좋겠다고요. 만약 그 안에 좋은 게 가득 채워져 있다면 굳이 어디로 끌고 가서 자랑하지 않아도 사람들이 알아볼 거라고 말이죠.

성진 스님 '관종'이 이슈가 되는 건 SNS 문화와 밀접한 연관이 있어 보입니다. 예전에는 관종이 되려면 직접 몸으로 뛰어야 했어요. 사람들 앞에 가서 퍼포먼스를 해야 했죠. 상당히 피곤한 일이었어요. 그런데 지금은 SNS를 통해서 더 쉽게 관심을 요구하고 받을 수 있게 되었어요. '나는 이렇게 살아서 행복해, 넌 어때?' 이런 말 없는 질문을 던지면서 사람들의 허영심을 자극하는 측면도 있다고 봅니다.

관계, 참는 게 답일까 끊는 게 답일까

하성용 신부님 사람이 사람을 싫어하는 데는 오만가지 이유가 있습니다. 그런 하나하나의 이유로 주변의 누군가와 관계를 단절한다면 나중에 누가 내 곁에 남아 있을까요? 비우기는 쉬워도 채우기는 어려운 게 사람 관계입니다. 신중할 필요가 있어요. 잠시 감정에 휘둘려서, 특정한 상황에만 몰입되어서 쉽게 결정할 일이 아닙니다. 저는 상담이나 고해성사 때 이런 말씀을 자주 드려요. 마음에 안 드는 사람이 생기면 억지로 관계를 끝내려고 애쓰지 말고 그냥 두라고요. 대신 마음에 드는 사람에게 더 관심을 쏟으라고요. 정말 끊어질 인연이라면 굳이 지금 애쓰지 않아도 그렇게 될 것이고, 끝까지 함께 갈 인연이라면 다시 좋은 계기가 마련될 거라고 말입니다.

성진 스님 사람은 누구나 부족한 면이 있습니다. 완벽할 수 없잖아요. 이것을 분명하게 알아야 해요. 그런데 보통 자신의 부족한 점은 잘 안 보이고 남의 부족한 점이 더 잘 눈에 띕니다. 하지만 생각해 보세요. 다른 사람이 나를 볼 때 어떨까요? 똑같이 나의 부족한 점이 보이지 않을까요? 그때마다 사람들이 나와 단절한다면 금세 나는 외톨이가 될 겁니다.

김진 목사님 관계 맺음, 관계 단절, 이런 주제들이 요즘 사람들 사이에 화두가 되는 건 그만큼 관계가 많고 복잡해졌기 때문이라고 봅니다. 관계를 좀 단순화시킬 필요가 있어요. 자기 역량 안에서 관계를 맺고 거기에 집중하는 편이 낫습니다. 한편으로는 자신의 의도와 무관하게 다른 사람이 나와의 관계를 끊는 경우가 있습니다. 저도 몇 번인가 그런 적이 있는데요. 그때마다 제가 내린 결론은 '그러려니'였습니다. '다 이유가 있겠

관계

지. 그러나 이유를 알려고 들지도 말고 관계를 회복하려고 하지도 말자.' 괜히 감정 이입해서 잘잘못을 따지다 보면 마음의 상처로 남을 수 있습니다. 물론 관계에서 잘못된 것이 있었다면 반성하고 용서를 구해야겠죠. 그러나 일방적으로 관계가 끊어질 경우, 우리 관계는 여기까지인가 보다 하고 마음을 내려놓은 것이 서로를 위해서 좋습니다. 다른 것과 마찬가지로 모든 관계가 뜻대로 되는 것은 아니고 100% 좋은 관계를 가질 수도 없기 때문입니다.

박세웅 교무님 학생 때 친했던 친구와 절교했던 적이 두 번 있습니다. 한 번은 중학생 때였는데요. 사소한 말실수가 원인이었어요. 친구가 저에게 '그런 부모님 밑에서 자라서 네가 그런 거야'라는 식으로 얘기했는데, 다음 날 바로 관계를 끊었죠. 친구 입장에서는 당황스러웠을 거예요. 진심으로 한 말도 아니었고 말 그대로 실수였는데, 제가 사과도 받아 주지 않고 그대로 관계를 정리해 버렸으니까요. 또 한 번은 고등학생 때였는데,

제가 평소에 그 친구에게 농담을 자주 하는 편이었어요. 그런데 친구는 그게 마음에 계속 쌓였나 봐요. 당연히 저는 몰랐죠. 그러다 어느 날 제가 하는 농담을 듣고는 친구가 절교를 선언해 버렸습니다. 나중에 교무가 되고 나서 지난 일을 되돌아보니까, 이 두 친구가 마음에 딱 걸리더라고요. 실수를 실수로 받아들이고 용서하고 용서받을 줄 아는 너그러운 마음이 있었더라면, 상대의 마음을 더 깊이 헤아리고 배려할 줄 알았더라면, 소중한 친구를 잃지 않았을 거란 생각이 들었기 때문입니다. 관계란 게 그래요. 아까 스님이 말씀하셨지만 자기 자신보다 남의 부족함이 먼저 보입니다. 그러나 시간이 지나고 보면 자신의 부족함이 보일 때가 있어요. 그때가 되면 지난날이 아쉽게 느껴집니다. 그러니 주변 사람과의 관계를 가볍게 여기지 말고 조금은 진지하게 받아들일 필요가 있어요. 이렇게 생각해 보면 어떨까요. 관계를 끊는다는 건 일단 한번 관계가 맺어진 사람들 사이에서 벌어지는 일이잖아요. 즉 서로 간에 좋아하는 점이 분명히 있다는 얘깁니다. 그 사실을 기억한다면 지금 사이가 조금 불편해졌다고 해서 단절까지 할 필요는 없을 겁니다. 정 힘들다면, 적당히 거리를 두고 지내보는 게 어떨까 합니다.

성진 스님 왜 이런 경우 있잖아요. 나는 A가 싫어서 관계를 접었는데, 내가 좋아하는 B가 A와 절친인 경우요. 나와 A는 완전히 다른 성격이고 심지어 상극인데, 어째서 B는 나와 A 모두와 친할 수 있을까. 이런 관점에서 인간관계를 입체적이고 폭넓게 바라볼 수 있다면 관계에 대한 힌트를 얻을 수 있을 것 같아요.

[한마디로 말하면!]
관계는 __이다

박세웅 교무님 관계는 그물이다. 서로가 얽히고설켜 살아가는 세상에서 관계 맺음과 끊음은 말처럼 간단한 일이 아닙니다. 이 점을 염두에 두면서 살면 좀 더 지혜로운 삶이 되지 않을까 합니다.

하성용 신부님 관계는 상호작용이다. 맺어짐도 끊어짐
도 어느 한쪽의 일방적인 원인으로 발생하지 않습니
다. 상대적인 정도 차이는 있겠지만요.

성진 스님 관계는 죄가 없다. 사람, 존재의 본질을 이해
하는 눈을 가져야지 관계 그 자체에는 아무런 문제도
해결책도 없습니다.

김진 목사님 관계는 사랑이다. 진정한 관계는 사랑을 토
대로 이루어집니다. 관계는 결코 사랑 없이 쉽게 생각
할 수 없는 일입니다.

관계

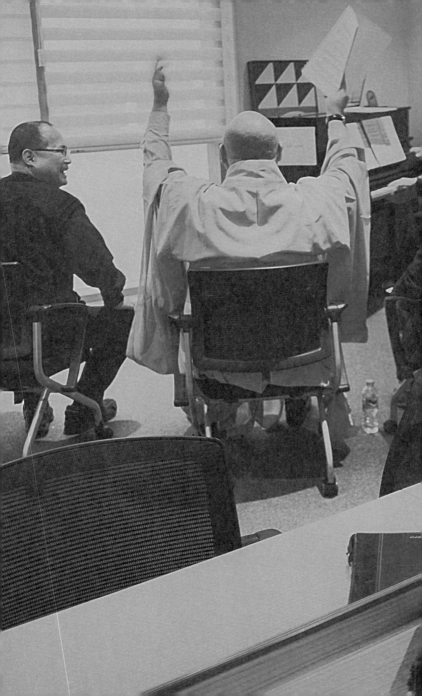

세상에 쉽고 편하면서
좋은 건 그리 많지 않습니다.
관계도 그래요.
건강하고 생산적인
관계 형성을 위해서는
최소한의 자기 노력이
요구됩니다.

감정

화, 불안, 우울은 우리나라 사람이
흔히 겪는 대표적인 마음 병입니다.
이 밖에도 여러 가지 정서적·심리적
어려움을 호소하는 사람이 늘고
있고, 그것이 각종 사건·사고로
이어지는 경우도 많습니다.
왜 사람들은 스스로 감정을
조절하지 못하고 나중에 후회할
일을 저지르는 걸까요? 왜 제
발로 감정의 소용돌이에 빠져들어
괴로워하는 걸까요? 감정을
이해함으로써, 그것에 휘둘리는
대신 건강한 방식으로 감정을
다루는 법을 배워 봅니다.

감정을 어떻게 바라봐야 할까

성진 스님 불교에서는 인간의 감정이 육근(六根), 즉 '안이비설신의'를 통해 일어난다고 말합니다. 다른 말로 감각기관으로 들어온 정보에 대한 뇌와 신경의 반응이라고 할 수 있어요. 여기서 '반응'이라는 말이 중요한데요. 우리가 생각하는 것처럼 감정이란 것이 이성적이고 합리적이지 않을 수 있다는 말입니다. 그런 점에서 감정을 표출하고 조절하는 능력만큼이나 그것을 정확히 직시하는 능력도 필요합니다. 요즘 말로 메타인지라고 하죠. 마치 동떨어진 사물을 바라보듯이 자기 자신이나 자신의 감정에서 한 걸음 떨어져서 지켜보는 걸 말해요. 불교 수행법인 명상, 알아차림 등이 이와 관련되어 있습니다. 감정에 휘둘리지 않고, 감정을 무시하지 않으려면 이러한 메타인지 능력이 있어야 합니다. 훈련과 학습이 필요하죠. 그런데 실제 삶은 정반대로 흘러갑니다. 자라는 동안 반복적으로 '이때는 이렇게 반응해야 해' 하는 자동 습관이 몸에 뱁니다. 또한 감정과 자신을 동일시하는 습관이 만들어져요. 자연스럽게 그렇게 되는 것이 아니라 주변 환경이 우리를 그렇게 몰아갑니다. 이는 현대의 양육 환경과도 밀접한 관련이 있어요. 형제자매가 많았던 예전에는 상대적으로 자신의 감정을 돌아보는 능력이 잘 길러졌습니다. 자기가 느끼는 감정에 대해 가족들의 다양한 반응을 접하면서 감정을 이해하고 조절하는 능력이 자라났죠. 반면에 요즘 아이들은 어려서 그런 경험의 기회가 부족합니다. 가족 내에서도 밖에서도요. 이것이 요즘 사람들이 여러 가지 감정적인 문제로 인해 힘들어하는 이유라고 봅니다. 감정을 느끼기만 하지 그것의 정체가 무엇인지 인지하지 못하기 때문입니다.

김진 목사님 자신의 몸, 마음, 감정, 에너지를 주체적으로 통제하고 조절할 수 있는 사람을 깨달은 자 혹은 구루(Guru)라고 말합니다. 이들이 몸, 마음, 감정, 에너지를 자유자재로 다룰 수 있는 것은 그들에게 특별한 신적 능력이 있어서가 아니에요. 그것들이 만들어지고

쓰이는 메커니즘을 정확히 알고 있기 때문입니다. 감정은 자연스러운 현상이라서 때에 따라 화를 내거나, 슬픔에 젖거나, 즐거워할 수 있습니다. 그러나 감정의 노예로 살아가는 사람과 감정의 주인으로 살아가는 사람에게는 결정적인 차이가 하나 있습니다. 바로 후자는 자주 혹은 오래도록 거기에 얽매이지 않는다는 점입니다. 감정 자체는 문제가 아닙니다. 감정을 대하는 태도가 문제죠. 간혹 어떤 사람들은 감정을 표출해야 하느냐 참아야 하느냐를 가지고 논쟁을 벌이기도 하는데요. 본질은 그게 아닙니다. 감정을 아는 게 핵심이에요. 스님 말씀과 일맥상통합니다. 자신의 감정을 보고 이해하는 힘이 생기면 그때그때 어떻게 대처해야 할지 누구보다 본인이 먼저 알게 됩니다.

하성용 신부님 세 가지만 기억하면 좋겠습니다. 첫째, 다스리기. 옛말에 참은 인(忍) 자 세 번이면 살인을 면한다는 말이 있잖아요. 그러니까 어떤 감정이 들었을 때, 감정적으로 격해졌을 때는 잠시 숨을 고르면서 한 번만 더 생각을 해 봤으면 좋겠습니다. 둘째, 솔직하기. 자기 자신과의 관계에서도 다른 사람과의 관계에서도 감정에 솔직해져야 합니다. 그래야 인정하고 받아들일 수 있어요. 공격적이고 직설적으로 표현하라는 뜻이 아닙니다. 표현은 부드럽게 하되 숨김이 없어야 한다는 거예요. 셋째, 더하지 말기. 감정은 기억력이 좋아서 지금의 느낌을 과거와 자꾸 연결하려는 성질이 있습니다. 그렇게 되면 사소한 일에도 감정이 폭발할 수 있어요. 그때의 결말은 두 가지뿐입니다. 내가 다치거나 상대방이 상처를 입습니다.

박세웅 교무님 소태산 대종사님은 감정을 다루는 방법을 크게 세 단계로 나누어서 말씀하셨어요. 첫째는 희로애락에 노예처럼 끌려다니는 것, 둘째는 보살의 경지로서 희로애락에 끌려다니지 않는 것, 그리고 마지막으로 부처의 경지로서 희로애락을 노복처럼 부리는 것입니다. 대개는 감정을 통제하고 절제하는 걸 높은 경지처럼 얘기하지만 그렇지 않습니다. 화를 내야 할

때, 슬퍼해야 할 때, 적절하게 화를 내고 슬퍼하는 것
이 감정을 다루는 최상의 방법입니다. 물론 평범한 우
리가 당장 보살이나 부처처럼 할 수는 없겠죠. 하지만
연습할 수 있습니다. 어떤 감정이 일어났을 때 잠시 멈
추고 감정을 있는 그대로 바라봄으로써 말이죠. 그러
면 감정 이면에 있는 진짜 문제가 드러납니다. 저는 학
창 시절에 아버지에 대한 원망과 증오가 상당히 깊었
어요. 해서는 안 될 생각까지 할 정도였으니까요. 그런
데 나중에 감정을 알아차리고 보니까, 그 아래에 인정
받고 싶은 욕구가 있었습니다. 인정받고 싶은데 그러
지 못하니까 미워하는 마음이 커졌던 거죠. 거기서 멈
추지 않고 더 깊이 들어가자, 인정의 욕구 밑에 살고 싶
은 욕구가 있음을 발견했습니다. 어린 시절에 경험한
아버지의 폭력 때문에 죽음에 대한 두려움이 싹 텄던
겁니다. 이 사실을 알게 된 후로는 감정에서 좀 더 자유
로워질 수 있었어요. 더 이상 가짜 감정에 속지 않았으
니까요. 어쩌면 아버지도, 내 앞에 있는 저 사람도, 나
와 마찬가지로 살고 싶어서 그런 것일 수 있겠다는 생

각마저 들었습니다. 저마다 놓인 상황이 다르고 감정의 크기도 다를 거예요. 그래서 섣불리 일반화하는 건 조심스럽지만, 즉각 반응하지 말고 잠시 시간을 가져보라는 말씀은 꼭 드리고 싶네요. 멈추면 비로소 보이는 게 정말 있다는 말씀도요.

성진 스님 모든 종교의 공통점은 개인을 넘어서는 무언가를 제시한다는 점이에요. 이를 통해 사람들은 '나'라는 작은 우물을 벗어나 더 높은 곳에서 자기 자신과 삶을 조망할 수 있게 됩니다. 어쩌면 이것이 감정 문제에 있어서 종교가 가져다줄 수 있는 가장 큰 이로움 중 하나가 아닐까 합니다. 이건 범종교적인 차원이니까, 어려서부터 아이들에게 이런 삶의 태도를 가르쳐 주면 좋겠어요. 제가 알기로 영국에서는 국가 차원에서 아이들에게 명상·마음챙김을 교육한다고 해요. 생각해 보면 참 당연한 일이죠. 몸만큼이나 마음도 중요하니까요. 우리 사회도 이 사실을 인식하는 날이 하루빨리 왔으면 좋겠습니다.

자존감의 참 의미

김진 목사님 감정 가운데서 특히나 자존감이 중요하고 이것을 길러야 한다는 데 모두 공감할 겁니다. 그런데 이 자존감이란 게 대체 어디에서 오는지를 가르쳐야 해요. 답은 삶입니다. 주어진 소중한 삶이 있기에 나라는 존재는 가치 있고 의미가 있는 겁니다. 이 소중한 삶에 대한 깨달음이 없으면 자존감이 흔들릴 수밖에 없어요. 반대로 삶에 대한 자기 이해가 분명하면 한순간의 실패에 낙담해서 자책하거나 자존감을 잃는 일은 생기지 않을 겁니다.

성진 스님 언뜻 자존감은 무언가를 얻고 성공했을 때 얻어지는 것이라고 생각하기 쉽지만, 오히려 부족한 자신을 여실히 볼 때 엄청난 자존감이 생깁니다. 불교에서는 자기 자신을 바로 보라는 말을 많이 하는데요. 이 말뜻은 내 안에 있는 본성, 불성을 보라는 말이기도 하면서 한편으로는 현재의 자기 모습을 직시하라는 가

르침이기도 합니다. 부족하면 부족한 대로 말이죠. 그
것을 인정할 때 비로소 실패에도 굴하지 않는 힘을 얻
게 됩니다.

하성용 신부님 그리스도교에서는 예수님이 이 세상에
오신 것을 자기비허(Kenosis)라고 말합니다. 여기서 말
하는 자기비허는 자신을 과소평가하거나 경멸 혹은 비
난하는 행동을 뜻하는 자기비하와는 다릅니다. 세상
사람들을 위해서 모든 영광을 내려놓고 오심을 말합
니다. 진정한 자존감이란 이런 게 아닐까 해요. 남의 시
선에 따라 행동하지 않고 제 할 일을 당당히 해 나가는
것, 스스로 내려놓을 수 있는 것. 무언가를 손에 움켜쥐
고 붙잡고 사람들에게 인정받으려고 하는 건 자존심
이지 자존감이 아닙니다. 스스로를 낮출수록 자존감이
커진다는 말의 의미를 이런 관점에서 이해할 수 있을
겁니다.

박세웅 교무님 학교에서 학생들을 가르치다 보면 고민

감정

상담을 자주 하게 되는데요. 대부분 성적, 취업, 외모, 연애에 대한 것들입니다. 이것들이 자기 기대만큼 충족되지 않아서 자존감이 낮은 친구들이 많습니다. 그런 친구들에게 제가 자주 해 주는 얘기가 있어요. 눈앞에 1억짜리 수표가 있다면 어떻게 할래? 그러면 다들 가질 거라고 말합니다. 만약 그 수표가 구겨지고 찢어진 수표라면? 그래도 다들 갖겠다고 합니다. 구겨지고 찢어져도 수표의 가치는 변함이 없으니까요. 자존감도 이와 같다고 말해 줍니다. 살다 보면 지치고 힘들고 때로는 상처를 받기도 하겠지만, 자신의 고귀한 가치만큼은 변하지 않는다고요. 아마 스님, 목사님, 신부님 모두 종교는 달라도 이런 말에 공감하실 거라 믿습니다. 저는 '천상천하 유아독존(天上天下 唯我獨尊)'이라는 말을 참 좋아합니다. 가끔 이 말을 곡해하는 분들이 있는데요. 내 안에 있는 불성, 자존감은 절대적이라는 의미로 이해하면 좋을 것 같아요. 세상에 상대적인 자존감은 없습니다. 비교해서 높아지고 낮아지는 건 자존심이나 자만심이죠. 이 사실에 눈을 뜨면 삶을 좀 더 멋지

게 살 수 있지 않을까 합니다.

성진 스님 자존감을 길러 주는 무형의 가치를 심어 주는 두 축을 부모와 종교라고 말하고 싶어요. 특히 부모의 역할이 중요합니다. 한 사람이 태어나서 가장 먼저, 오래, 깊이 영향을 주고받는 게 결국은 부모일 테니까요. 개인적인 얘기를 좀 보태자면, 앞서 제가 동국대교 불교학과에 입학하게 된 사연을 말씀드렸는데요. 그때 정말 들어가고 싶었던 과가 경찰행정학과였습니다. 그래서 선지망을 넣고 시험을 쳤는데 수학 시험을 너무 못 본 거예요. 실의에 빠져서 집에 가는 길에 캡틴 큐(양주) 한 병을 사서 어머니 앞에서 원샷을 해 버렸습니다. "저 대학교 안 갑니다. 인생 망했어요." 이러면서요. 보통 자식이 그러면 부모의 반응은 두 가지 중 하나 아니겠어요? 같이 울고불고 난리가 나거나 불같이 화를 내거나. 그런데 저희 어머니 반응은 달랐어요. 매우 단호하면서도 흔들림 없는 목소리로 "나가"라고 하셨죠. 그래서 "네, 나갑니다. 찾지 마세요" 하고 일어서는데, 이어지는 어머니 말씀이 제 뒤통수를 세게 한 대 후려쳤습니다. "한낱 대학 때문에 내 아들이 부모 앞에 서 이런 모습을 보일지 몰랐다." 그 순간 정신이 번쩍 들더라고요. 한편으로는 너무 부끄럽고 한편으로는 너무 행복했습니다. 적어도 어머니에게 나는 학벌 같은 외적 조건으로 인해 가치가 달라지는 존재가 아니라는 걸 깨달았기 때문입니다. 그날 제 눈에 어머니는 마치 태산처럼 크게 보였습니다.

김진 목사님 오늘날 시대상을 보면, 자존감을 잃게 만들고 깎아내리는 분위기는 점점 심화되어 가는 반면에 자존감을 통해 삶의 균형을 건강하게 유지하게 해 주는 교육이나 시스템은 매우 미비한 것 같습니다. 세대별, 성별, 직업별로 자존감을 키우고 가르칠 수 있는 교육 프로그램, 시스템, 그런 문화가 속히 마련되어야 할 것 같아요.

감정에 휘둘리지 않으려면

성진 스님 감정은 일종의 에너지예요. 그래서 화, 슬픔, 분노, 짜증 같은 감정이 들 때는 에너지를 전환해 주면 됩니다. 불교에 이런 말이 있어요. 아무리 강한 분노의 마음도 삼천 배 앞에서 다 무너진다. 실제로 제가 행자 때 겪은 일인데요. 절에서 1,000일 기도 올리는 불자님이 계셨어요. 매일 새벽 4시 전에 오셔서 예불 전에 초를 켜고 청수를 떠 놓고 기도를 하셨죠. 한 700일쯤 지났을 때였어요. 예불 시간이 다 돼 가는데 불자님이 안 오시는 거예요. 3시 59분까지 기다렸는데 안 오시길래 무슨 일이 있는가 보다 하고 제가 대신 초를 켜고 청수를 갈았죠. 뒤늦게 4시 30분쯤 돼서 이분이 오셨는데, 예불 끝나기가 무섭게 주지스님에게 달려가서 대성통곡을 하시는 거예요. 저 때문에 자기 1,000일 기도가 깨졌다고요. 황당하잖아요. 아니, 3시 59분까지 기다리다가 안 오셔서 그런 건데 그게 왜 내 잘못이냐고 따졌죠. 그런데 제 편을 들어 주실 줄 알았던 주지스님이 저더러 참회하라는 거예요. 주지스님 말씀이니까 하는 수 없이 어금니 꽉 깨물고 불자님께 삼배를 올렸습니다. 그런데도 그 신도분은 도저히 용서가 안 된다면서 참회의 108배를 시키라는 거예요. 주지스님이 하라니까 또 어쩔 수 없이 했습니다. '열받네 진짜. 뭐 이런 경우가 다 있어. 이놈의 절 내가 떠나고 말지.' 분노, 억울함, 실망 등으로 머리끝까지 열이 차올랐어요. 그러다 오기가 생겨서 108배를 끝냈음에도 보란 듯이 계속 절을 했습니다. 그런데 한 200배쯤 하니까 슬슬 다리가 아픈 거예요. 일대사를 정리한다는 심정이었는데, 계속 분노해야 하는데, 다리가 아프니까 그 생각이 온데간데없어졌어요. 그러다가 300배쯤 하고 나니까 '조금만 더 기다려 볼걸, 스님들한테 야단맞더라도 기다려 드릴걸' 하고 진심으로 참회하게 되는 거예요. 참 신기하죠. 말로 설명하려니까 어려운데, 직접 한번 경험해 보세요. 절이나 명상 같은 전통적인 불교 수행법도 좋고 걷기나 달리기 같은 운동도 좋습니다. 딱 30분만 열심히 해 보세요. 불같이 타오르던 마음이 어느새 고요히 가라앉아 있는 걸 확인하게 될 겁니다.

김진 목사님 가만 보면 자존감이 낮은 사람일수록 더 쉽게 감정에 휘둘리는 것 같아요. 그런 사람들은 자신에 대해 조금만 안 좋은 소리를 해도 남이 나를 무시한다고 생각하거나 억압한다고 생각해서 참지 못하는 걸 자주 봐 왔거든요. 반대로 생각하면, 자존감을 높여 줄 수 있다면 감정 표현의 과다 문제를 어느 정도 예방할 수 있을 겁니다. 거기에 종교가 역할을 할 수 있다고 보고요. 왜냐하면 종교는 '너는 그 자체로 이미 존귀한 존재야'라고 가르치고 있으니까요. 아쉬운 건 다른 종교와 달리 개신교는 수행법이 많이 발달하지 않아서 자존감을 키울 수 있는 종교적인 가르침 적다는 겁니다. 그래서 제가 개인적으로 두 가지 수행법을 만들었습니다. 먼저 오도송, 즉 다섯 가지 노래가 있습니다. 첫째, 우리는 하나님의 형상을 지닌 존재다. 둘째, 우리는 하나님의 자녀이다. 셋째, 우리는 하나님의 말씀을 받은 신적인 존재이다. 넷째, 우리는 새로운 피조물이다. 다

섯째, 내 안에 하나님이 있다. 오도송의 콘셉트는 불교에서 빌려 왔고 내용은 성경에서 가져왔습니다. 또 다른 수행법은 허명정일(虛明靜一) 명상이라고 해서 유교에서 모티브를 따왔습니다. 간단히 설명하면 자기 안에 있는 비움과 밝음과 고요함을 보고, 하나님과 하나됨을 체험하는 명상이라고 할 수 있어요. 저는 사람들과 함께할 때면 항상 먼저 오도송을 외고 이어서 허명정일 명상을 합니다. 이로써 마음속에 하나님과 예수님의 마음이 가득해지면 불쑥불쑥 찾아오는 감정에 좌우되지 않을 수 있습니다.

박세웅 교무님 우리는 감정을 다루는 데 미숙해요. 폭발, 회피, 억압 중 하나로 감정을 처리합니다. 단어만 봐도 별로 긍정적이지 않은 방식임을 알 수 있죠? 감정뿐만 아니라 다른 어떤 것에도 이런 형태의 접근은 도움이 되지 않습니다. 제가 생각하는 최상의 대응법 혹은 해결책은 '멈추고 알아차리고 받아들이기'입니다. 특히 불교에서 이런 말을 자주 하는데요. 일단 멈추는 게 중요합니다. 그러면 다음 과정으로 자연스럽게 연결되는 경향이 있습니다. 감정적으로 격해진 순간에 멈추기란 쉽지 않겠지만 반복해서 연습하다 보면 조금씩 습관처럼 몸에 밸 겁니다. 그렇게 되면 감정의 소용돌이에 휘말려서 괴로워하거나 돌아서서 후회할 일을 덜 하게 됩니다.

하성용 신부님 감정에 자주 휘둘리는 사람은 다음 두 가지를 명심해야 합니다. 첫째, 감정을 표출함으로써 기분이 풀린다고 느끼는 건 착각이다. 실제로는 자기 몸과 마음에 더 큰 독을 쌓는 결과라는 걸 알아야 합니다. 이건 제가 하는 말이 아니고요. 신경과학, 심리학 등에서 이미 밝혀진 내용입니다. 둘째, 세상에 화낼 줄 모르는 사람은 아무도 없고 화내는 사람을 좋아하는 사람도 아무도 없다. 즉 공격적으로 감정을 표출하는 일은 나에게도 남에게도 득이 될 게 하나도 없다는 얘기입니다.

감정

김진 목사님 각자 적합한 감정 해소 방식이 있을 거예요. 어떤 방식이든 주의해야 할 점은 감정에 매몰되지 않는 겁니다. 쉽게 화를 내고 작은 일에도 우울해하는 사람, 이런 분들은 감정에 대한 분별력을 잃기 쉽습니다. 왜 화가 나는지, 왜 우울한지 정확히 알아차리지 못하고 즉각적으로 반응해 버릴 수 있어요. 그러기보다 감정에서 조금만 거리를 두고 궁리해 보면 이유가 보입니다. 그러면 크게 동요하지 않을 수 있어요. 다른 한편으로는 삶의 만족도를 높이는 게 중요합니다. 현재 자기 일과 삶에 만족도가 높을수록 감정적으로 여유가 생기기 때문인데요. 그 사실을 저는 막내 아이를 보고 깨달았습니다(웃음).

박세웅 교무님 목사님 말씀을 들으니까 괜히 조금 뜨끔하네요. 사실 얼마 전에 제가 7살 아들한테 화를 낸 적이 있거든요. 식사 시간에 반찬 투정하는 아이를 큰소리로 혼냈어요. 그런 일이 거의 없었는데, 그날따라 유독 감정이 격해졌어요. 나중에 후회하면서 곰곰이 생각해 봤더니, 제 안에 있는 불안한 마음이 화로 표출된 거였어요. 중요한 논문 발표가 코앞으로 다가와서 마감하느라 신경이 예민해져 있었던 겁니다. 잠시 멈출 수 있었다면, 내 안에 있는 불안이라는 진짜 감정을 볼 수 있었을 텐데 그러지 못했어요. 그러고 보면 진짜 감정과 가짜 감정을 구분하기 위해서라도 멈추는 일은 중요하다는 생각입니다.

아주 사적인 감정 해소법

성진 스님 특별한 방법이라고 할 것까진 아닌데요. 저는 감정이 물밀듯이 밀려올 때도 일상의 루틴을 그대로 따릅니다. 화가 난다고, 슬프다고, 우울하다고 해서 일상에서 벗어나려고 하기보다 평소처럼 기도하고 신도들 만나고 재를 지내요. 감정에 의미를 부여하지 않으려는 제 나름의 시도라고 할 수 있죠. 그렇게 하루를 보내다 보면 풀려요. 어느새 누그러져 있습니다. 저처럼 어느 정도 정해진 일과가 있는 분들이라면 이 방법이 도움이 될 겁니다. 처음에는 잘 안 될 수 있지만 연습하면 됩니다. 저도 꽤 연습했어요.

하성용 신부님 제가 감정을 해소하는 방식에는 인간적인 방법과 신앙적인 방법이 있습니다. 전자는 술 한잔 하면서 사람들과 대화를 나누는 거고요. 후자는 예수님을 마주하는 겁니다. 성상을 보는 거죠. 예수님을 바라보고 있으면, 세상에 저분만큼 억울한 분도 없을 텐데 하는 생각이 듭니다. 그에 비하면 제가 느끼는 감정은 얼마나 사소해요. 그런 생각이 들면 마음이 내려앉습니다. 마음이 심란할 때는 근처 종교 시설에 가 보세요. 성당이든 교회든 절이든 다 좋습니다. 가서 높은 데 계신 분과 잠시 눈을 맞춰 보시길 바랍니다. 편안해질 겁니다.

박세웅 교무님 감정에도 크기가 있어요. 길을 걷다가 누군가와 부딪혔다거나 보기 싫은 걸 봤다거나 하는, 일상적으로 느끼는 사소한 감정들은 객관화를 통해 해결할 수 있습니다. 앞서 관계에 관해 이야기 나눌 때 나온 '거리두기'를 감정 문제에도 고스란히 적용할 수 있습니다. 실제로 심리학에서는 '라벨링'이라고 해서 감정에 이름을 붙임으로써 거리를 두고 솔직하게 자기 감정을 살피게 합니다. 대개 일상에서 우리가 느끼는 감정들은 이런 방식으로 해소할 수 있습니다. 하지만 이보다 더 큰 감정, 무의식에 저장된 뿌리 깊은 감정들은 쉽사리 해결되지 않습니다. 여러 생에 걸쳐 만들어진 업, 반복적인 경험으로 생긴 트라우마 같은 것들 말이죠. 이런 것들을 풀려면 소위 말하는 수행이 필요합니다. 저는 주로 '나무아미타불' 같은 주문을 외는 편인데, 그 외에도 여러 가지 수행법이 있어요. 개인적으로 권하고 싶은 건 '마음일기 쓰기'입니다. 오늘 이런저런 일로 인해 어떤 마음, 감정이 일어났음을 사실대로 써내려가는 겁니다. 이것도 일종의 객관화 방식이라고 할 수 있어요. 마음일기 쓰기의 장점은 언제든지 다시 펼쳐 볼 수 있다는 거예요. 시간이 지나고 쌓인 글을 읽어 보면, 언제 어떤 상황에서 비슷한 감정에 빠져드는지 패턴이 보입니다. 그러면 그 패턴을 깨뜨릴 방법을 모색할 수 있어요. 또한 감정의 근원도 파악할 수 있게 됩니다.

김진 목사님 이건 좀 다른 얘긴데요. 성직자들은 감정 표현을 잘 안 하는 경향이 있어요. 자칫 잘못하면 자기 감정도 추스르지 못하는 사람이라는 오명을 안고 신자들이 떨어져 나갈 수도 있으니까요. 저도 처음에는 그랬어요. 잘 절제하고 다스리고 통제해야 한다고 생각했죠. 어떤 면에서는 감정을 무시하기도 했어요. 하지만 목사로 오래 살아 보니까 그게 꼭 좋은 것만은 아니더라고요. 사람이면 누구나 느끼는 감정을 정확히 경험해 봐야, 그 실체를 알아야 성직자로서 다른 사람들의 괴로움을 깊이 헤아리고 도와줄 수 있는 면도 있더라고요. 간혹 성직자 중에 경직된 태도로 사람을 대하는 분들이 있어요. 감정 같은 건 진즉에 뛰어넘어서 찔러도 피 한 방울 안 날 것처럼 도도하게 구는 분들 말이죠. 저는 그게 곧 성인의 경지를 일컬음은 아니라고 봅니다.

성진 스님 불교 화두 중에 파자소암(婆子燒菴)이라는 게 있는데요. 이 일화가 목사님 말씀에 부합하는 내용일 것 같습니다. 옛날에 한 노파가 20년간 스님을 시봉하면서 수행을 도왔습니다. 하루는 스님의 법력을 시험해 보고자 딸을 보내서 스님을 껴안게 했는데요. 스님이 말하길 '고목이 얼어붙은 바위에 기댄 것처럼 아무런 느낌이 없다'라고 합니다. 그 말을 들은 노파는 당장 스님을 내쫓고 암자를 불태워 버립니다. 왜 그랬을까요? 스님이 수행을 열심히 해서 일체 감정을 여의었으니 훌륭하다고 생각할 법도 한데 말이죠. 이 이야기에 담긴 메시지는 '자비심'으로 요약할 수 있습니다. 참된 도란 감정이 없는 목석같은 사람이 되는 데 있지 않다는 거예요. 인정머리 없는 도는 죽은 도라는 거죠. 노파는 스님이 자리(自利)는 얻었을지 몰라도 이타(利他)는 깨닫지 못했다고 본 겁니다. 종교를 떠나서 이 화두를 성직자들이 한 번씩 곱씹어 보면 좋겠습니다.

감정은 ___이다

하성용 신부님 감정은 생각보다 빠르다. 대개 감정이 문제가 되는 건 그것이 가진 즉시성 때문입니다. 생각할 겨를 없이 자동반사적으로 감정이 표출될 때 문제가 된다고 봐요. 그러니까 어떤 감정이 들 때는 한 번쯤 심사숙고한 뒤에 어떻게 해소할지를 결정하는 편이 좋습니다.

김진 목사님 감정은 감정일 뿐이다. 감정은 순간의 심리 상태이고, 신경 반응이고, 생각 덩어리일 뿐입니다. 그 자체가 존재를 뜻하는 건 아니에요. 그러니까 거기에 얽매일 필요가 없습니다.

박세웅 교무님 감정에는 진짜와 가짜가 있다. 어떤 감정이 느껴지는 순간, 잠시 멈춰서 들여다보면 속에 있는 진짜 감정을 볼 수 있습니다. 진짜를 확인하면 가짜에 끌려다니는 일은 없을 겁니다.

성진 스님 감정은 에너지다. 억압하면 안에서 터져서 내가 다치고, 쏟아내면 다른 사람이 다칠 수 있어서 잘 흘려보낼 필요가 있습니다. 운동, 수행으로 에너지를 전환해 보세요.

감정 자체는 문제가
아닙니다.
감정을 대하는
태도가 문제죠.
표출해야 하느냐
참아야 하느냐,
본질은 그게 아닙니다.
감정을 아는 게
핵심이에요.

중독

언젠가부터 우리 사회에
'중독'이라는 단어가 자주 눈에
띄기 시작했습니다. 설탕 중독,
카페인 중독, SNS 중독, 운동 중독,
약물 중독 등 그 종류와 대상이
광범위합니다. 손쉽게 즐거움과
쾌락을 얻을 수 있다는 달콤한
유혹이 사람들을 중독의 늪에
빠져들게 만듭니다. 결코 영원하지
않으며, 결국은 고통으로 끝나리란
걸 알면서도 홀린 듯 잘못된 길을
선택하는 사람들에게 종교는 무슨
말을 해 줄 수 있을까요? 중독에서
벗어나 진정한 행복을 추구하는
법을 알아봅니다.

십 권 십 ○

중독에 빠지는 두 가지 이유,
욕망과 결핍

성진 스님 자신이 원해서 중독된 사람은 아무도 없을 거예요. 팍팍한 현실을 잊게 해 줄 무언가를 찾아 헤매다가 점점 잘못된 길로 빠져드는 거죠. 어릴 때를 떠올려 봐요. 방학이 끝날 때까지 숙제를 안 하고 있다가 개학일이 다가오면 불안해합니다. 이때 불안을 해소할 방법은 지금이라도 숙제를 해 나가는 것인데 대체로 그러지 않습니다. 오히려 더 열심히 놀죠. 문제의 근원을 없애기보다 당장의 불안감을 없애려고 하는 겁니다. 술, 마약, 도박 같은 데 중독되는 이유도 크게 다르지 않다고 봅니다. 불안은 한데 문제를 근원적으로 해결하려면 시간이 필요하고 힘이 드니까, 쉽고 빠른 자극으로 현실을 잊으려는 거죠. 불교의 관점에서 볼 때 이는 인과의 법칙을 알지 못하는 데서 비롯된 어리석은 행동입니다. 인(因)이 변하지 않는데 과(果)가 달라질 리 있겠어요? 그런데 중독에 빠진 사람들은 단박에 결과를 바꾸려고 하는 욕망에 사로잡혀 있습니다. 이 것이 중독의 무서운 점입니다. 점점 더 불가능한 방향으로 자신을 몰아간다는 겁니다. 한편으로는 현대사회가 사람들의 이런 심리를 교묘하게 이용하는 측면도 있어요. 이를테면 승부욕이라는 말로 불가능에 가까운 일에 뛰어들게 만들기도 합니다.

하성용 신부님 저는 중독에 두 가지 부류가 있다고 봐요. 하나는 술, 마약, 도박 같은 도피성 중독이고요. 다른 하나는 복권이나 투자 같은 요행 중독입니다. 어느 것이든 핵심은 결핍에 있다고 봅니다. 무언가 부족하다고 필요하다고 느끼는 거죠. 문제는 그 부족함을 채우려면 희생과 수고가 필요한데도 많은 사람이 쉬운 길을 찾는다는 데 있습니다. 외려 애쓰고 노력하는 걸 세상 물정 모르는 사람이나 하는 행동인 양 여기는 경향이 있습니다.

김진 목사님 저는 중독의 한 측면으로 자기초월 욕구가 있다고 봅니다. 현실의 한계를 뛰어넘고 싶어 하는 마음이 잘못 발현되는 것이 바로 중독의 시발점이라고 생각해요. 좋은 의미에서 자기 한계를 초월하려는 것이 아니라 현실에서 도피하려는 마음에 젖어서 중독에 빠지게 되는 거죠. 그런 면에서 종교 역시 중독의 대상일 수 있습니다. 간혹 종교에 빠져서 삶이 피폐해진 사람이 생겨나는 게 그런 이유 때문입니다. 물론 제대로 된 신앙을 가진다면 중독될 일이 없습니다. 세상에 어느 종교도 삶을 내팽개치고 종교에 몰두하라고 가르치는 곳은 없으니까요. 사이비가 아니라면 말이죠. 아무튼 잘못된 자기초월의 관점에서 벌어지는 중독 문제를 해결하려면 다른 대안을 제시해 주어야 합니다. 중독된 사람은 이미 스스로의 의지나 이성의 힘으로 빠져나올 수 없는 상태니까요. 보다 철학적이고, 인문학적이고, 영적인 접근이 필요하다고 봅니다.

박세웅 교무님 고등학교 2학년 때 한창 컴퓨터 게임에 빠져 살았던 시기가 있습니다. 그것도 일종의 중독이라고 할 수 있을 겁니다. 나중에 돌이켜 보니, 제가 게임에 빠졌던 건 신부님 말씀처럼 결핍이 이유였던 것 같아요. 가정생활과 학교생활이 순탄하지 않았던 데서 비롯된 결핍을 게임하는 즐거움으로 채웠던 거죠. 한두 번 할 때는 자제력을 갖고 했지만, 어느새 완전히 푹 빠져서 노예처럼 되어 버리더라고요. 다행히 상황이 더 심각해지기 전에 그만둘 수 있었는데요. 교무가 되겠다고 결심했던 게 결정적인 계기였습니다. 내 안의 결핍을 채울 수 있는 대안을 종교에서 찾은 겁니다. 중독은 치료도 중요하지만 예방이 더 중요합니다. 이미 중독된 상태에서 몸과 마음을 건강한 상태로 되돌리기란 쉽지 않으니까요. 치료나 예방 차원에서 의학이 많은 역할을 해야 할 테지만 종교가 할 수 있는 역할도 있다고 봅니다. 심리적인 측면, 또 목사님이 말씀하신 인생의 가치와 대안을 제시하는 측면에서 말입니다.

하성용 신부님 요즘 젊은이들 사이에 중독이 정말 심각한 수준입니다. 신학교 입학 지원자들만 봐도 알 수 있어요. 입학 전에 1박 2일간 피정을 진행하는데, 그때 핸드폰을 거둬 갑니다. 그러면 많은 학생이 심리적으로 불안해하고 힘들어합니다. 전원을 꺼 놓을 테니까 갖고만 있게 해 달라고 애원하는 학생도 있어요. 지원자 중 30% 정도가 끝내 이 문제로 입학하지 못합니다.

성진 스님 젊은 세대의 중독 문제에 대해서는 부모와 사회가 책임 의식을 함께 가져야 합니다. 마약류 사건을 들여다보면 재벌 3세 같은 부유한 집 자녀들이 많은데요. 중독이 단지 현실의 경제적 어려움 때문만은 아니라는 얘깁니다. 감정적이고 정서적인 면에서 결핍이 분명히 있어요. 아무래도 갈수록 사는 게 힘들어지고 맞벌이도 모자라 투잡, 쓰리잡을 뛰느라 바쁜 부모들이 아이들과 정서적인 교류를 할 절대 시간이 부족할 겁니다. 요즘은 자녀도 많이 낳지 않아서 형제자매들끼리 교감하면서 자라는 일도 적을 테고요. 양육이나 교육에서 부모들이 힘들어하는 부분을 사회가 좀 덜어 주어야 하는데 그러지 못하는 것 같아서 안타깝습니다. 종교도 더 적극적으로 움직여야 합니다. 종교 활동이나 종교 수행이 아이들을 자제력 있고 건강한 가치관을 가진 성인으로 자라나게 하는 데 밑거름이 되어 줄 수 있습니다.

병들어 가는 아이들: 약물 중독

하성용 신부님 제가 속해 있는 데가 천주교 서울대교구 사회사목국인데요. 가난하고 아프고 소외된 이들에게 봉사하는 일을 총괄하는 곳입니다. 사회사목국에 15개 부처가 있는데, 그중 하나로 카프성모병원이 있습니다. 원래는 알코올 중독자를 전문적으로 치료하기 위해 설립된 곳인데, 요즘은 마약 중독자 치료도 많이 하고 있습니다. 놀랍고도 안타까운 건 최근 병원을 찾는 이들 가운데 청소년 마약 중독자들이 많다는 겁니다. 대부분은 공부, 성적에 대한 압박과 스트레스로 인해 마약에 손을 댄다고 하더라고요. 지금 우리 사회가

중독

145

얼마나 병들어 있는지를 여실히 보여 주는 사례가 아닌가 합니다. 밝고 건강하게 자라야 할 아이들이 심리적 극단까지 내몰려서 마약에 손을 대고, 또 쉽게 그런 유혹에 노출되는 현실이 너무 가슴 아픕니다.

성진 스님 마약만이 문제가 아니에요. 다이어트 약, 학습에 도움이 되는 각성제, 이런 것을 아무렇지 않게 아이들에게 권합니다. 부모가 자녀에게 그렇게 해요. 여기에는 단기간에 빨리 변해야 하고 변할 수 있다는 욕망, 그렇게 하지 않으면 도태될 거라는 두려움이 깔려 있습니다. 변화에는 시간이 필요한 법인데, 인내심을 기르기보다 억지로 바꾸려고 하다 보니까 약물에 의존하게 되고 중독에 빠지게 되는 겁니다. 무엇을 위한 변화인지, 변화의 본질이 무엇인지에 대한 철저한 자기 인식이 생기지 않으면 앞으로도 문제는 더 확산될 겁니다. 우리 사회와 종교가 더 적극적으로 아이들의 미래를 위해 행동해야 합니다. 병이 깊어진 뒤에 고치려고 하면 너무 힘이 듭니다.

김진 목사님 중독자를 관리하거나 예방 및 치료 프로그램을 만드는 건 문제 해결을 위한 본질적인 접근법이 아닙니다. 왜 이 시대에 마약이 퍼지게 된 걸까요? 현실 도피 욕구를 비롯한 심리적 문제가 원인일 수 있지만 그것을 부추기고 악용하는 잘못된 자본주의 문화가 더욱 문제를 악화시키고 있다고 봅니다. 예전이라고 사람들이 힘들지 않았던 건 아니잖아요. 그렇다고 마약에 손을 대지는 않았습니다. 이유는 간단합니다. 구하기가 어려웠기 때문이죠. 지금은 훨씬 쉽게 접할 수 있으니 마약에 중독되는 사람이 느는 겁니다. 마약을 팔면 돈이 되니까 약을 파는 사람들이 늘어난 거죠. 일종의 유통망이 형성된 겁니다. 그들은 사람들이 마약으로 몸과 마음, 삶이 망가지는 것에 관심이 없습니다. 막대한 돈벌이 수단이니까요. 돈만 된다면 다 좋다는 식의 생각을 무너트려야 합니다. 그러니까 마약을 유통하는 사람들을 사회가 법적 제도적으로 강력하고 무섭게 다스려야 해요. 중독의 위험성을 다들 알잖아요. 정말 회복하기 힘듭니다. 그래서 스님도 말씀하셨지

중독

만, 중독 문제는 국가적인 차원에서 대응이 필요하다고 봅니다.

박세웅 교무님 아까 말씀드렸지만 저는 고등학교 때 게임에 엄청 빠져 있었어요. 밥 먹고 화장실 가는 시간만 빼고 게임에 몰두했죠. PC방에서 게임하면서 날 새는 게 꿈일 정도였으니까, 중독이라고 부를 만했습니다. 여기서 빠져나오는 데는 크게 두 가지가 주효했던 것 같아요. 첫째는 스스로에 대한 성찰입니다. 무언가에 중독되는 사람에게는 공허함이 있어요. 채워도 채워도 채워지지 않는 공허함. 그것을 잊거나 이겨내기 위해서 자극을 원하는 겁니다. 저한테는 그게 어머니의 사랑, 즉 애정결핍이었어요. 이러한 내면의 부족을 깨달으면 중독에서 한 걸음 물러설 수 있습니다. 물론 그런다고 완전히 끊지는 못해요. 하나가 더 필요합니다. 바로 꿈입니다. 저는 교무가 되겠다는 꿈을 가진 뒤에 게임에서 완전히 멀어지게 되었어요. 다시 말해서 자신이 왜 중독에 빠지게 되었는지, 내면에 어떤 공허함이 있는지를 알아차리는 게 첫걸음이고요. 그것을 채울 수 있는 꿈이나 목표가 생겨야 합니다. 돈을 많이 벌어서 부자가 되겠다 같은 맹목적이고 불투명한 꿈 말고, 평생을 바쳐서 되고자 하는 인간상 같은 꿈 말입니다. 이런 걸 찾지 못하면 언제라도 쉽게 중독 생활로 되돌아갈 수 있습니다. 힘 안 들이고 만족(자극·쾌락)을 얻을 수 있는 가장 쉬운 길이니까요.

성진 스님 전 세계 여러 나라의 사례를 보면 중독이 심각한 수준에 이르렀을 때 그 사회가 어떻게 될지 미루어 알 수 있습니다. 미국을 보세요. 포기해 버리잖아요. 지역 자체를 격리하고 고립시킵니다. 중독자들끼리 거기서 알아서 살라고요. 아무리 돈과 시간을 써도 안 되니까 최후의 수단으로 그렇게 하는 겁니다. 그렇게 되기까지 순식간이에요. 그 전에 모든 사람이 다 같이 관심을 갖고 이 문제를 고민해야 합니다.

맹신이라는 이름의 병: 종교 중독

하성용 신부님 사람은 무엇에든 중독될 수 있습니다. 종교에도 중독될 수 있죠. 종교를 고달픈 삶의 도피처로 여긴다면 말입니다. 하지만 건강한 종교는 일상생활을 무시하지 않습니다. 오히려 강조합니다. 왜냐면 일상을 잘 살아가는 사람이 신앙생활도 잘하기 때문입니다. 예전에 한 종교학자가 말하길 예수님과 사기꾼은 한 끗 차이라고 했습니다. 사람들이 자신을 믿게 만들어서 자기 뜻대로 행동하게 만든다는 점에서는 차이가 없다는 것이죠. 다만 예수님은 자신을 믿는 이들이 다른 사람들을 위해 살게 만들고, 사기꾼은 본인의 이익을 위해 사람들을 이용하거나 자신이 당했던 대로 다른 사람도 당해 보라는 심정으로 사람들을 끌어들인다고 말합니다. 종교를 통해서 자신의 삶이 어떻게 흘러가고 있는지를 보면, 현재 내가 바른 신앙생활을 하고 있는지 아닌지 어렵지 않게 판단할 수 있습니다.

종교는 달라도 인생의 고민은 같다

150

성진 스님 종교의 기본 속성이 선함이라면 종교에 중독된다는 말은 어울리지 않습니다. '좋은 중독'처럼 모순되는 말이기 때문입니다. 즉 종교에 중독된다고 할 때의 '종교'는 엄밀히 말해서 종교라고 부를 수 없습니다. 정상적이지 않은, 그릇된 무언가죠. 그런 집단에 종교라는 표현을 쓰는 건 오해의 소지가 있습니다. 마치 종교는 다 해로운 것인 양 일반화해 버릴 수 있으니까요. 그러니까 중독의 문제를 두고 말할 때, 가정을 파탄 내고 사회를 좀먹는 집단을 이를 때는 '종교'가 아닌 '사이비'라고 표현해야 합니다.

김진 목사님 신의 존재를 믿고 그 가르침 대로 살아가는 개신교와 같은 종교에 대해 사람들이 오해하는 게 있어요. 개신교인들은 모든 것을 신에게 의지하고 수동적으로 살아야 한다는 겁니다. 그렇지 않습니다. 자기가 자기 삶의 주인이 되어야 해요. 신은 바른길로 안내하는 안내자입니다. 결정은 자신이 하는 것이고 책임도 자신에게 있습니다. 그런데 사이비 집단은 사람들이 완전히 맹목적으로 종교에 의지하게 만듭니다. 이게 바른 종교와 사이비의 결정적인 차이예요. 신적인 존재라고 믿는 교주에게 맹목적으로 충성하고 따르게 만드는 거죠. 그런데 이상하지 않나요? 의무적으로 고등교육까지 받은 사람들이 왜 사이비에 빠질까, 그걸 판단하지 못할 만큼 어리석단 말인가, 이성적으로 말이 안 되잖아요. 결국 종교 중독도 다른 중독과 다르지 않습니다. 술, 마약 등에서 쾌락과 행복감을 찾는 것처럼 사이비 안에서 그런 편안함을 누릴 수 있기에 중독되는 겁니다. 문제는 현실이에요. 현실이 지옥 같다고 생각하니까 짧은 위안을 찾아서 제 발로 늪으로 걸어 들어갑니다. 눈이 멀어서 늪인 줄도 모르고, 혹은 늪인 줄 알아도 밖이 더 괴롭다고 생각하니까 헤어 나오지 못하는 겁니다.

박세웅 교무님 "종교는 인민의 아편이다." 칼 마르크스의 말입니다. 그가 왜 이런 말을 했느냐 하면, 종교가 사람들의 이성을 마비시킨다고 보았기 때문입니다. 절대적인 믿음, 의심하지 말 것을 강조하는 종교로 인해 사람들이 주체의식을 잃게 될 것이라고 본 거죠. 제 생각은 다릅니다. 바른 종교는 신도들에게 끊임없이 의심하고 질문하게 합니다. 정말 하나님과 부처님이 존재할까? 그분들 가르침대로 살면 나아질까? 어떻게 해야 그렇게 살 수 있을까? 끊임없이 반문하면서 스스로 답을 찾아가게 만듭니다. 그런 과정을 통해 한 사람을 더 크고 깊은 존재로 성숙하게 합니다. 종교가 아편이 되고 중독이 되는 건 사람들이 의심하고 질문하지 않았을 때예요. 사이비가 그렇게 하잖아요. 그냥 믿고 시키는 대로 하라고만 하죠. 바른 종교와 사이비를 구분하고, 잘못된 길에서 벗어나는 지름길이 여기에 있습니다. 스스로 의심하고 답을 구하게 하는가 아닌가.

성직자도 중독에 빠질까

김진 목사님 성직자도 똑같습니다. 술이나 도박 같은 데 빠지는 분들이 있어요. 제 주변에서 그런 경우를 본 적은 없지만 얘기는 들어 봤습니다. 그런데 저희가 고민하는 더 큰 문제는 종교 중독이에요. 얼마 전에 개신교에서 '종교중독치료연구소'라는 게 생겼는데요. 잘못된 믿음으로, 종교 생활을 중독자처럼 비이성적으로 행하는 경우가 갈수록 많아져서 그 폐해를 바로잡고자 만들어진 연구소입니다.

하성용 신부님 천주교는 술에 관대하다 보니까 간혹 알코올 중독에 걸리는 분들이 있습니다. 물론 많지는 않고요. 그보다는 일 중독, 워커홀릭이 더 많은 것 같습니다. 무언가 업적을 남겨야 한다고 생각해서 강박적으로 일하는 분들이 있어요.

성진 스님 성직자도 사람이니까 중독에 빠질 수 있지만 일반인보다는 덜 합니다. 다만 이런 건 있어요. 종교 내에서의 권력, 혹은 수행 이력 등에 너무 사로잡혀서 '나는 당신들과 다른 수준의 사람이야' 하는 우월의식으로 신도들 위에 군림하려는 경우가 있습니다. 성직자는 무엇보다 이를 경계해야 합니다.

박세웅 교무님 스님 말씀의 연장선일 수 있는데요. 원불교에서는 한쪽으로 치우친 수행을 경계합니다. 그럼에도 가끔 보면 자신이 하는 수행이 최고라고 여기면서 다른 수행법과 그것을 실천하는 사람들을 배척하는 경우가 있어요. 어떤 면에서 이 또한 중독의 일종이라고 볼 수 있습니다.

하성용 신부님 성직자들 가운데 인정받고 싶어 하는 욕구가 강한 분들이 있어요. 이게 심해지면 남이 하는 말 잘 안 듣고, 자기 말에 토 다는 걸 싫어하고, 심지어 다른 사람을 무시하기도 합니다. 그래서 저는 권력, 권위의식 같은 데 사로잡히는 일이야말로 성직자들이 경계해야 할 가장 위험한 중독이라고 봅니다.

중독은 개인과 사회의 공동 과제

박세웅 교무님 자기 존재가 이미 온전하다는 사실을 아는 것이 중독에서 벗어나는 근원적인 해결책입니다. 나한테는 뭔가가 부족해서 그것을 채워야 한다는 생각으로 세상을 살아가면, 아무리 채워도 부족함을 느낄 것이기에 쉽게 쾌락과 유혹에 빠질 수 있어요. 기대만큼 삶이 따라 주지 않더라도, 힘들고 지치는 날이 오더라도, 나는 온전하다는 믿음에서만큼은 물러섬이 없어야 합니다.

김진 목사님 어려서부터 인생의 참 즐거움이 무엇인지를 잘 가르쳐야 합니다. 저는 이것을 환희라는 말로 표현하고 싶은데요. 하룻밤의 유희에서 얻는 쾌락이 아니라 지속적이고 건강한 즐거움, 그런 것들을 누릴 수 있는 문화를 만들어 가야 합니다. 명상이 아주 좋은 대안이 될 수 있어요. 내면의 행복과 만족을 누릴 수 있는 길이니까요. 현재 각종 명상 치유 프로그램이 소개되고 있는데, 일상과 교육의 차원에서도 얼마든지 활용할 수 있다고 봅니다.

박세웅 교무님 목사님 말씀에 동의합니다. 요즘 시대는 한번 발을 잘못 들이면 쉽게 중독되게끔 상업적으로 치밀하게 시스템이 만들어져 있어서 정신을 바짝 차리지 않으면 자기도 모르게 빠져 버립니다. 마음을 빼앗기지 않도록 의식적으로 알아차리기 위해서 명상과 마음공부가 반드시 필요합니다.

하성용 신부님 세상에서 거저 얻어지는 것은 없다. 이 평범한 진리를 늘 마음에 새기고 있었으면 합니다. 'No pain, no gain.' 비슷한 말로 고진감래(苦盡甘來)라고 하잖아요. 오늘의 희생과 수고가 내일의 결과가 됩니다. 그저 얻어지는 건 당장은 좋아 보일지 몰라도 지나고 보면 상처와 고통으로 남을 뿐입니다.

성진 스님 개인의 어리석음이 집단의 어리석음으로, 집단의 어리석음이 사회의 어리석음으로 이어지는 이 구조를 바꾸어야 합니다. 시작은 아이들이겠죠. 어리석음, 인과의 법칙에 대한 무지가 어떻게 개인과 사회를 좀먹는지 깨우쳐 주어야 합니다. 기초를 바로 세우지 않고서 겉으로 드러나는 문제점에만 초점을 맞추는 건 깨진 독에 물 붓는 일밖에 안 될 겁니다.

[한마디로 말하면!]
중독은 ___이다

박세웅 교무님 중독은 불신이다. 좀 더 정확히는 무지라고 하는 게 좋겠네요. 나의 공허함의 근원을 알지 못하고 바른 해결책을 알지 못하는 데서 일어나는 게 중독이기 때문입니다.

김진 목사님 중독은 죽임이다. 죽음이 아닌 죽임. 스스로의 삶을 죽이는 행위 내지 상태니까요.

성진 스님 중독은 밑 빠진 독이다. 아무리 채우려고 해도 채울 수가 없는 길이기 때문입니다.

하성용 신부님 중독은 결핍이다. 내 안의 결핍을 바르게 채우지 않으면 누구든, 무엇에든 중독될 수 있습니다.

중독

'No pain, no gain.'
이 평범한 진리를 늘 마음에
새기고 있었으면 합니다.
그저 얻어지는 건 당장은
좋아 보일지 몰라도
지나고 보면 상처와
고통으로 남을 뿐입니다.

죽음

'죽는다는 것을 기억하라(Memento mori).'
죽음은 누구에게나 예외 없이 찾아오지만
이를 이해하고 받아들이는 방식은 저마다
다릅니다. 분명한 건 죽음을 어떻게
바라보고 받아들이느냐에 따라 삶의 질과
방향이 완전히 달라진다는 점입니다.
인류 역사상 가장 오래 또 깊이 죽음을
탐구하고 사유해 온 종교가 말하는 죽음에
관해 들어 봅니다. 죽음이란 무엇이며,
그것이 어떻게 우리 삶을 풍요롭게
해 주는지 알아봅니다.

삶을 위해 죽음을 성찰하라

성진 스님 왜 죽음을 생각하고 죽음에 대해 알아야 하느냐, 한마디로 말하면 태어난 것은 모두 죽기 때문입니다. 이 불변의 진리를 알고 사는 것과 잊은 채 사는 것은 큰 차이가 있습니다. 보통 사람들은 죽음을 생각하라고 하면 싫어합니다. 왠지 두렵고 사는 게 허무해질까 봐 걱정하죠. 그렇지 않습니다. 생각해 보세요. 우리가 언젠가 죽는다는 걸 알고 살면 매일 매 순간이 얼마나 소중하게 다가올까요. 불교에서 죽음을 이야기하는 이유, 삶과 죽음을 따로 분리해서 말하지 않는 이유가 이것입니다. 죽음을 진지하게 고민하고 성찰해서 더 나은 삶을 살아가도록 이끌려는 목적입니다. 죽음은 성숙한 삶을 위한 대화인 셈입니다.

하성용 신부님 종교에서 죽음을 말하는 건 어떻게 살아야 하는가를 이야기하고 싶어서입니다. 사람들을 겁주기 위해서가 아니에요. 좀 더 그리스도적인 관점에서 말하자면, 유한한 존재인 인간은 무한한 존재인 절대자를 갈망하고 그에게 의탁할 수밖에 없습니다. 그런데 나중에 죽어서 절대자 앞에 섰을 때 생전의 행실로 영생과 영원한 죽음이 판가름 나는데 어떻게 할 거냐, 잘 살아야 하지 않겠느냐 하는 메시지를 던지는 거죠.

김진 목사님 종교만큼 죽음을 깊이 생각하고 오래 생각한 집단도 없을 거예요. 그만큼 죽음은 종교에서 중요한 주제이고, 또 종교가 발전하는 데 큰 역할을 했습니다. 방금 신부님이 말씀하셨듯이 유한한 존재는 절대자 내지 초월의 상태를 꿈꿀 수밖에 없습니다. 비록 현실의 시공간에서는 한계가 있지만 그런 세계에 접하는 길이 있다는 걸 가르쳐 주는 게 종교라고 생각합니다. 종교의 관점에서, 유한한 육체로부터 해방되어서 진정한 자유의 세계로 나아가는 통과의례로서 죽음을 바라보면 전혀 두려워할 이유가 없습니다. 오히려 죽음 이후의 진정한 해방을 맞이하기 위해서 그 전제 조건이라 할 수 있는 삶을 더욱 가치 있게 대하게 되죠.

박세웅 교무님 원불교에서는 죽음과 관련해서 불생불멸을 이야기합니다. 숨을 들이쉬었다가 내쉬는 것처럼, 눈을 감았다가 뜨는 것처럼, 해가 뜨고 지는 것처럼, 변화의 관점에서 생사를 논합니다. 덧붙여 지은 바대로 변한다는 인과의 원리를 강조합니다. 핵심은 죽음이 끝이 아니라는 겁니다. 죽음은 두려워할 대상이 아닙니다. 오히려 걱정해야 할 건 지금 내가 살아가는 모습이죠. 정리하면, 인과의 법칙으로 죽음을 설명함으로써 결과적으로 생에 집중하게 만드는 것이 종교의 가르침입니다.

성진 스님 죽음이라는 사건에 대한 이슈는 많은데 정작 죽음에 대한 성찰은 부족한 게 요즘 세상이 아닌가 해요. 매일 같이 사건 사고 소식이 들려오지만 바람결에 흘러가는 소리처럼 진지하게 받아들이지 않잖아요. 죽음에 대한 막연한 공포심만 조장할 뿐 진지한 관심과 대화, 사유가 부족한 시절입니다. 제발 좀 죽음에 대해 생각하는 사회, 그런 문화가 만들어졌으면 좋겠어요.

김진 목사님 다들 바빠서 그래요. 죽음을 생각할 겨를도 없을 만큼 바빠서. 한편으로는 스님이 말씀하신 것처럼 수많은 사건 사고로 인해 죽음에 무감각해졌기 때문이기도 하고요. 엄밀히 말하면 죽음과 죽임(사건 사고)은 다른 차원의 문제이지만, 어쨌든 죽음을 쉽고 가볍게 생각하는 문화현상이 있는 것만은 분명합니다.

죽음은 끝이 아니다

하성용 신부님 최근 들어 자발적 죽음을 둘러싼 이야기가 많습니다. 개인이 죽음을 선택할 권리가 있느냐 하는 문제가 화두인데요. 저는 그럴 수 없다고 봐요. 삶을 전적으로 내 마음대로 할 수 없는 것처럼 죽음도 그렇습니다. 자발적 죽음을 옹호하는 사람들은 현실의 고통이나 어려움을 말하면서 죽음이 최선의 선택지인 양 말하지만 사실 그건 삶을 회피하는 일일 뿐입니다. 뜻대로 되지 않는 현실을 받아들이지 못하고 포기를 선택하는 거죠. 그리스도교에서는 인간에게 살 권리만 있다고 말합니다. 죽을 권리는 없어요. 왜냐하면 내가 선택해서 이 세상에 온 게 아니기 때문입니다. 태어날 때 하느님의 부름으로 온 것처럼 갈 때도 하느님이 나를 불러 주실 때까지 충실히 살아가야 합니다. 우리가 선택할 수 있는 건 오직 삶의 방식뿐이에요.

성진 스님 군법사 생활을 할 때 자살을 시도한 사병을 면담한 적이 있어요. '누군가를 죽이러 가는 길이다, 나도 죽을 거다' 하는 전화도 받아 봤고요. 그 외에도 많은 일이 있었죠. 그런 일이 있을 때마다 너무 안타까워요. 얼마나 화나고 억울하고 외로우면 그런 극단적인 선택까지 하게 될까, 내가 할 수 있는 일이 없을까 반문도 하게 됩니다. 단순히 종교적으로 보면 자살은 안 된다, 벌받는다, 이런 식으로는 해결이 쉽지 않아요. 그러려면 일단 종교적 믿음이 전제되어야 하는 건데 모든 사람이 종교를 믿는 건 아니잖아요. 더 보편적인 범주에서의 해결책은 자존감을 키워 주는 것이라고 봅니다. 키운다는 표현이 좀 그런데, 다른 말로 하면 자존감을 느끼게 해 주는 거죠. 절대 훼손되지 않는 자기 안의 본성을요.

김진 목사님 짐작건대 자살로 신문이나 방송에 보도되는 연예인 가운데 절반 이상이 기독교인일 거예요. 지금은 많이 달라졌지만, 예전에는 교회가 끼를 발산하는 장으로서 기능을 했고 거기에서 출발해 연예계로 진출한 사람이 많았거든요. 여전히 연예인 중에 기독교인이 다수일 겁니다. 그런 사람들이 자살로 생을 마감하고 관에 담겨 나갈 때, 그 위에 새겨진 십자가 문양을 보면 비통함을 감출 수 없습니다. 예수님을 믿는다는 이들이 예수님의 가르침에 가장 어긋나는 행동을한 거니까요. 이것을 개인의 믿음 부족으로 치부할 수도 있지만 제 생각은 다릅니다. 끝까지 의지할 수 있을 만큼 우리가 그들에게 믿음의 힘을 길러 주지 못한 겁니다. 믿음을 알려 준 부모, 선생, 목사가 믿음대로 그들을 대하고 가르치지 못한 탓이에요. 그들의 고통을 교

죽음

171

회 공동체가 함께 나누지 못한 잘못도 크고요. 분명히 믿고 믿음대로 행하는 것, 이것이 종교인이 가져야 할 삶의 기본자세입니다. 그렇게 하면 적어도 종교를 가진 사람이 스스로 목숨을 끊는 일은 없어질 겁니다. 여기서부터 사회적인 역할로 나아가는 게 순서일 듯해요.

하성용 신부님 죽고 싶어서 죽는 사람은 없을 거예요. 그럴 수밖에 없는 상황으로 자꾸만 내몰리니까 결국은 죽을 수밖에 없는 거죠. '뭐가 불만이야? 문제는 너야!' 하는 탓하기식의 접근과 인식을 빨리 버려야 합니다. 개인이 아니라 사회가 문제인 겁니다. 참 신기한 게 우리 사회는 기술적인 면은 엄청나게 빠르게 변화시키고 또 그 변화를 받아들이는데, 가치와 본질의 탐구나 계발 측면에서는 매우 느리게 움직여요. 사실은 그게 더 중요하고 시급한 일인데도 말이죠.

박세웅 교무님 예비 교무 시절에 매일 밤 죽음 연습을 했습니다. 잠들기 전에 '나는 이제 죽는다' 하면서 마음

속에 걸리는 일이 없는지 되돌아보곤 했어요. 그때만 해도 아무런 걸림이 없었습니다. 죽어도 괜찮다 했죠. 지금은 딱 하나 걸리는 게 있어요. 자녀들. 그래도 애들이 커서 행복하게 사는 걸 좀 보고 갔으면 하는 마음이 듭니다. 이런 마음이 생기니까 사람들이 죽음을 두려워하는 게 어떤 심정인지 더 마음 깊이 공감이 가더라고요. 여기가 출발점이 아닐까 합니다. 공감과 위로, 의지처가 되어 주는 것. 힘겨운 사람들에게 종교가 해 줄 수 있는 가장 기본적인 역할이라고 봅니다. 공감과 위로를 통해 아무리 힘들어도 혼자가 아니라는 걸 느끼게 해 준다면 쉽게 극단적인 선택을 하지 않을 거예요. 그런 뒤에 스님이 말씀하신 것처럼 자존감을 길러 주고 종교적 가르침을 토대로 생명존중의 가치관을 확고히 심어 준다면, 살아가는 동안 그것을 든든한 버팀목으로 삼을 수 있을 겁니다.

하성용 신부님 사람의 목숨은 하느님이 보내 주신 것이라서 하느님이 다시 부르실 때까지는 죽을 수 없다는 게 가톨릭 교회의 교리입니다. 가톨릭에 귀의하는 분들 가운데 하느님에 대한 진실한 믿음보다 이 문제로 힘들어하는 분들이 더 많습니다. 인간다운 삶을 영위할 수 없는 상태라면 죽음을 택하는 게 존엄성을 지키는 길이 아니냐고 반문하면서요. 하지만 가톨릭 교회에서는 가장 무책임한 죽음을 자살이라고 말합니다. 자살하면 자신은 편해질지 몰라도 다른 누군가는 그로 인해 고통을 받게 되기 때문입니다. 일례로 예전에 어머니가 자살 시도를 했다가 실패한 걸 목격한 아이를 만난 적이 있어요. 이제는 다 자라서 어른이 되었지만, 여전히 불안 속에 살아가고 있습니다. 트라우마로 남은 거예요. 이처럼 자살은 누군가에게 평생의 짐으로 남을 수 있습니다. 관련해서 또 하나 들려주고 싶은 이야기는 교황 요한 바오로 2세의 일화입니다. 요한 바오로 2세 교황님은 한국을 비롯해서 전 세계인들에게 가장 큰 영향을 미친 교황님이신데요. 말년에 파킨슨병을 앓으셨어요. 언젠가 교황님이 미사하는 장면이 생중계된 적이 있는데, 세 시간 정도 진행되는 미사 동안 교황님이 지팡이를 짚고 부들부들 떠는 모습이 전 세계로 전파됐습니다. 침도 막 흘리셨죠. 그 모습을 보고 많은 사람이 교회의 품위를 떨어뜨린다는 등 개인의 행복을 위해 치료에 전념하라는 등 말이 많았습니다. 하지만 교황님은 자신과 같은 병을 앓는 이들에게 희망을 주고 싶었다며, 이렇게 말씀하셨습니다. '보십시오. 교황인 나도 당신들처럼 파킨슨병에 걸립니다. 당신들이 병에 걸린 건 죄를 지어서도 아니고, 하느님이 여러분을 버려서도 아닙니다. 어쩌다 병에 걸렸을 뿐이지요.' 그 모습을 보고 저는 인간의 존엄성에 대한 확신을 얻었습니다. 인간의 존엄성은 환경에 달려 있지 않다는 걸 말이죠. 건강한 사람도, 아픈 사람도, 잘 사는 사람도, 못사는 사람도, 인간은 그 자체로 존엄합니다. 그러니 포기할 수 없습니다. 나를 사랑하고 내가 사랑하는 사람들을 위해서, 나보다 힘들고 어려운 이들에게 희망을 주기 위해서라도 끝까지 열심히 살아야 합니다. 그것이 가톨릭 교회에서 말하는 인간 존엄성의 의미입니다.

죽음

성진 스님 며칠 전에 절에서 49재를 지냈는데요. 100세 넘게 장수하시다 돌아가신 할머니를 위한 재였습니다. 그때 자손들을 앉혀 놓고 제가 물었어요. 할머니가 왜 돌아가신 것 같냐고요. 나이 들어서 죽은 건 하나의 조건이지 직접적인 원인은 아니라고 했더니, 다들 그럼 뭐가 원인이냐고 묻더군요. 태어남, 태어났기에 죽는 것이라고 말씀드렸습니다. 불교에서 말하는 삶과 죽음의 이치가 이렇습니다. 태어났기에 죽고 죽음으로써 새로운 삶으로 나아가는 겁니다. 불교 경전에 보면 죽음에 관해 미화하거나 공포심을 조장하는 장면이 없습니다. 자연스럽게 받아들입니다. 돌에 맞아 죽은 제자도, 병에 걸려 열반하신 부처님도 그랬습니다. 그것이 순리이기 때문입니다. 사람이 자살하려는 건 죽음이 끝이라고 생각하기 때문이에요. 죽음으로써 모든 걸 끝낼 수 있다고 믿는 거죠. 불교의 관점에서 보면 참으로 어리석은 생각입니다. 죽음은 현실의 고통을 피하기 위해서 선택하는 옵션이 아닙니다.

김진 목사님 어렸을 때 뉴스에서 많이 들었던 소식이 뭐냐 하면, 유럽 사람들 자살률이 높다는 거였어요. 잘사는 나라 사람일수록 자살률이 높다는 얘기를 많이 들었습니다. 그걸 보고 돈이 다가 아니다, 잘사는 게 다가 아니라는 얘기를 하곤 했었죠. 지금 우리가 그래요. 경제적으로 풍요로워졌는데 자살률은 엄청나게 높아졌습니다. 경제적으로 힘들어서, 상대적 박탈감 때문에, 학교생활이 힘들어서 등등 이유는 다양합니다. 이 문제를 해결하려면 먼저 자살을 하나의 돌파구로 느끼게 하는 사회적 분위기를 바로잡아야 합니다. 이를테면 미디어에서 죽음을 대수롭지 않게 묘사한다거나 쉽게 표현하는 것도 굉장히 조심해야 해요. 한편으로는 사람들이 그런 사회 분위기에서 벗어나게끔 유도하는 일도 필요합니다. 삶을 버거워하는 사람들에게 제가 개인적으로 권하는 일이 있는데요. 봉사와 여행입니다. 여행하면서, 봉사하면서, 세상에 나보다 힘들고 어려운 사람이 얼마나 많은지 느껴 보라는 겁니다. 또한 함께 있어 주는 것만으로 그들이 얼마나 행복해하는지를

죽음

177

느낀다면 자기 자신을 새롭게 바라보는 계기가 될 겁니다.

박세웅 교무님 저는 '극단적 선택'이라는 말을 좋아하지 않습니다. 왜냐하면 자살한 사람이 다른 선택지가 있는데도 죽음을 선택한 게 아니잖아요. 그 길밖에 없어서 그런 거잖아요. 고를 수 있는 게 하나밖에 없는 상태를 두고 '선택'이라는 표현을 쓰는 건 어울리지 않는다고 생각합니다. 잠시 표현상의 문제를 말씀드렸고요. 본론으로 들어가서, 원불교에서도 자살은 허용되지 않습니다. 첫 번째 계문에 '살생을 하지 말라'라고 나오거든요. 자기 생명을 해치는 것도 살생입니다. 원불교에서 자살을 포함한 살생을 금지하는 이유는 세상의 모든 생명이 관계로 이루어져 있다고 보기 때문입니다. 생명 공동체로서 서로 영향을 주고받으면서 살아가기에, 자살은 공동체를 이루고 있는 다른 생명들에게 악영향을 미치는 행위가 됩니다. 또 인간의 삶을 전생, 이생, 내생으로 보는 삼세인과 교리로 볼 때도 자살은 큰 문제가 됩니다. 이번 생에 죽는다고 해서 끝이 아니기 때문입니다.

성진 스님 제가 아는 젊은 신도분이 있는데, 불치병을 앓고 있어요. 점점 온몸의 근육이 굳어져서 현재는 움직일 수조차 없는 상태입니다. 가끔 대화를 나누는데 그 친구는 항상 웃으면서 이렇게 말해요. 매일매일이 고통스럽지만 죽음에 가까워지는 이 시간이 그저 헛된 것만은 아니라고요. 한 번이라도 더 불교 경전을 읽을 수 있고 어머니와 함께 있을 수 있으니까요. 또 자신이 가는 길은 부처님 세계로 향하는 길이고, 자신의 죽음을 통해서 어머니도 그 길을 더욱 분명하게 아시게 될 거라고 말이죠. 시시각각 다가오는 죽음 앞에서 이토록 겸허할 수 있다는 게 놀랍지 않나요? 죽음을 끝이나 두려운 것으로 여기지 않는 사람은 이렇게 초연할 수 있습니다.

눈감기 전에 빌면 구원받을까

성진 스님 죽기 직전에 부처님께 귀의하거나 '나무아미타불' 세 번을 외면 극락에 간다는 말이 있습니다. 교리상으로 그런 게 있어요. 그런데 제가 돌아가시는 분들 임종을 지켜본 바로는 안 됩니다. 숨넘어가는 중에 '나무아미타불' 못 외어요. 또 하나, 불교에서는 누군가 죽으면 49재를 지내는데요. '49'라는 숫자는 죽은 사람이 이생과 저생 사이에 머무는 기간입니다. 그 시간 동안 망자가 자신의 삶을 돌아보고, 잘못이 있으면 진심으로 반성하고, 부처님께 귀의할 수 있도록 남은 사람들이 정성껏 재를 올리는 게 49재예요. 그런데 생각해보세요. 생전 자기만 위해 살고 남을 보살피지 않은 사람이 죽고 나면 누가 와서 그런 정성을 다해 주겠어요? 잘 살아야 그런 기회도 얻는 겁니다. 누군가가 기억해주고 고마워할 만큼 살았어야 가능한 일이에요. 평생 제멋대로 살다가 죽기 전에 귀의하겠다고 생각하는 건 큰 오산입니다.

하성용 신부님 그리스도교도 마찬가지입니다. 회심하면 구원받죠. 그런데 회심이라는 건 전적으로 변해야 하는 것이지 말로만 한다고 되는 게 아닙니다. 처음에는 그리스도인을 박해했지만 회심 후 그리스도교를 위해 순교한 사도 바오로, 방탕하게 살다가 회심 후 가톨릭 주교에 오른 아우구스티노 성인을 보면 회심의 진정한 의미를 이해할 수 있습니다. 어쩌면 죄인들은 차라리 그냥 죽는 게 나을지도 몰라요. 어쭙잖게 회개한답시고 까불면(?) 더 큰 죄가 될 테니까요.

김진 목사님 쉽게, 한순간에 회개할 수 있다고 여기는 건 죽음을 앞둔 사람이나 그 주변인들이 위안을 얻으려는 속셈에 불과합니다. '회개했으니 됐다, 천국 갈 거다' 하고 자기들끼리 안심하는 거죠. 회개는 믿음이고 믿음은 곧 실천입니다. 진심으로 믿고 그렇게 생활해야 회개했다고 말할 수 있습니다. 개인적인 신학관입니다만, 저는 하나님 나라 안에도 레벨이 있다고 봐요. 그것을 암시하듯 신약성경에 '삼층천'이라는 표현이 있습니다. 1층, 2층, 3층 할 때 삼층이요. 그러니까 하나님을 믿고 죽어서 천국에 간다 해도 그저 종교적으로 믿은 사람과 믿음에 합당한 삶을 산 사람은 차원이 다른 세계로 간다고 봅니다.

박세웅 교무님 최후의 일념이 최초의 일념이 된다는 말이 있습니다. 이생의 끝에 가진 마음가짐이 내생을 시작할 때의 마음가짐이 된다는 뜻입니다. 이런 관점에서, 원불교에서는 죽을 때 다른 건 못 가져가더라도 꼭 두 가지는 챙기라고 말합니다. 청정하고 고요한 마음과 자비로운 서원. 청정한 마음은 어두운 죽음의 길을 밝혀 주는 등불 역할을 하고, 세상을 위해 살리라는 서원은 내생에 좋은 씨앗이 되기 때문입니다. 그런데 평생 청정한 마음과 자비로운 마음을 내 본 적이 없는 사람이 죽기 전에 그런 마음을 낼 수 있을까요? 죽음이 임박해서 두려움을 떨치고자 그렇게 빌 순 있을지언정 깊은 곳에서 우러나는 그런 서원은 아닐 겁니다.

죽음은 __이다

성진 스님 죽음은 삶이다. 삶과 죽음은 동전의 양면과
도 같습니다. 다른 게 아닙니다. 삶이 있어 죽음이 있고
죽음이 있어 또 다른 삶이 있는 거예요. 이런 관점에서
죽음을 대한다면, 삶이 지치고 힘들어서 스스로 죽음
을 선택하는 일은 없을 겁니다.

김진 목사님 죽음은 새 삶이다. 죽음은 새로운 어떤 세계
로의 나아감, 통과의례입니다. 마치 이사와도 같죠. 우
리가 이사 갈 때 두려움에 떨지 않잖아요. 또 막무가내
로 갈 수 있는 것도 아니고요. 시기가 되어서 자연스럽
게 이사를 가듯, 그런 마음으로 죽음을 바라봤으면 합
니다.

박세웅 교무님 죽음은 새로운 시작이다. 잘 죽어야 잘 살
고 잘 살아야 잘 죽습니다. 삶과 죽음은 이어져 있기에

죽음

그래요. 이 점을 명심하시길 바랍니다.

하성용 신부님 죽음은 돌아가는 것이다. 가톨릭 교회에서는 이 세상에서의 삶을 잠깐의 여행이라고 이야기합니다. 여행이 끝나면 본래 있던 곳, 고향인 하늘나라로 돌아갑니다. 이 세상에 왔을 때 축복받고 왔던 것처럼 돌아갈 때도 축복받기 위해서는 열심히 살아야 해요.

김진 목사님 신부님 말씀처럼 하늘나라로 돌아간다는 의미에서, 요즘 기독교에서는 장례 예배라는 말 대신 천국 환송 예배라는 말을 씁니다. 조금은 더 마음이 놓이고 유쾌하지 않나요?

十
권
十
○

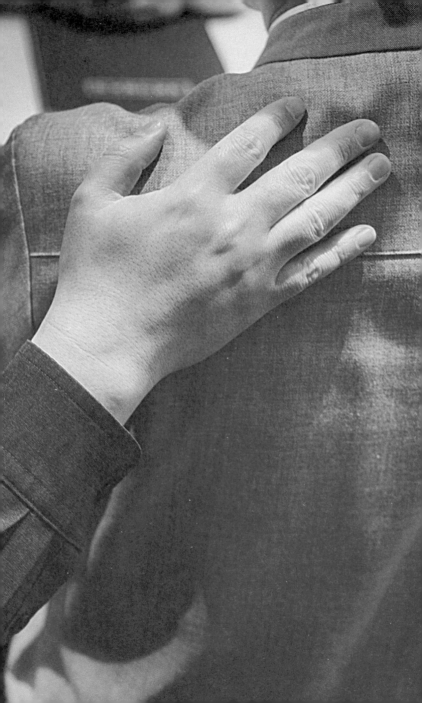

마치며

김진 목사님 요즘 사람들과 대화를 나누다 보면 어느 때보다 세상과 삶, 사회나 미래에 대해 부정적이고 비관적인 시선이 늘어났음을 느낍니다. 그만큼 현실의 삶이 빡빡해졌다는 뜻이겠죠. 그러나 긴 인류 역사의 관점에서 볼 때, 지금 우리는 어느 시대보다 문명의 혁혁한 발전 시기를 걸어가고 있습니다. 그런데도 왜 현대인들은 자기 삶과 존재에 가치를 부여하는 데 인색한 걸까요?

이는 어느 한 개인 한 집단의 문제가 아니라 사회 전반에 흐르고 있는 잘못된 문화적 기운, 즉 생명을 존중하지 않고 물질주의에 휘둘리는 문화현상 때문이라고 생각합니다. 이러한 문화는 계층 간, 세대 간, 혹은 성별 간 또 다른 카스트를 형성해 한쪽이 다른 한쪽을 무시하거나 차별하고 심지어는 억압하게 만듭니다. 만약 우리가 약육강식이라는 정글의 법칙이 당연시되는 이러한 문화적 흐름에 순응하거나 매몰된다면, 개인은 결코 행복한 삶을 살아갈 수 없을 겁니다. 반대로 인간이라는 생명체를 가치 있게 여기고, 자기 삶이 지닌 뜻

마치며

을 알고, 이웃과 더불어 사회를 건강하게 만드는 생기 있는 문화를 만드는 데 힘을 모은다면 잘못된 기운을 물리칠 수 있습니다.

자기 자신을 존중하면서 동시에 사랑하고, 자신에게 진실하려 노력하는 삶 속에 행복이 있습니다. 또한 남을 배려하고, 그들의 아픔과 기쁨을 함께 나누려는 열린 마음이 있다면 힘들어도 지치지 않는 삶을 살아갈 수 있습니다. 이러한 삶을 살고자 하는 사람들에게 종교의 가르침과 깨달음이 많은 지혜와 큰 용기를 북돋아 줄 겁니다. 우리 모두 실망하거나 포기하지 맙시다. 삶은 그 자체로 살아갈 만한 충분한 가치가 있고, 환희에 찬 삶을 살아갈 수 있는 생명력이 우리 안에 있습니다. 지금 이렇게 살아 숨 쉬고 있음이 그 사실을 증명합니다.

하성용 신부님 인간과 다른 생명을 구별하는 결정적인 차이는, 사람은 누구나 목표와 꿈을 가지고 산다는 점입니다. 그러나 목표와 꿈을 이루기 위해서 모든 걸 희생하면서까지 노력하는 것은 불행의 시작입니다. 설령 원하는 바를 이룬다고 하더라도 말이죠.

지금 우리 사회는 미래의 꿈을 위해서라면 얼마든지 현재를 희생해도 괜찮다고 말합니다. 대부분 사람이 이 말에 동의하는 분위기입니다. 현대인들이 겪는 공허함, 불안감, 불행감의 근원이 바로 여기에 있습니다. 이 문제를 해결하기 위해서는 더 나은 오늘을 만들고, 지금 이 순간 행복을 누리며, 살아 있음에 감사할 줄 아는 자세가 필요합니다. 이것들이 바탕이 될 때 비로소 각자 원하는 꿈과 목표를 건강한 방식으로 성취할 수 있습니다.

이 책을 읽는 독자들에게 간절히 바라는 것이 있다면 이것 하나입니다. 바른 삶이란 무엇인가에 대해 깊이 궁리하고, 건강하고 지속 가능한 방향으로 관점을 전환하는 것. 이로써 나와 남 모두에게 선한 영향을 미치는 사람이 되어 주길 바랍니다. 나비효과라는 말이 있듯이 우리의 작은 몸짓 말짓 마음짓이 모여서 이 세상을 조금 더 살기 좋은 곳으로 만들어 갈 것을 믿습니다. 우리 함께 해 봅시다. 우리는 결코 작은 존재가 아닙니다. 역사 그리고 세상은 우리 같은 사람들의 노력으로 바뀌어 왔습니다.

박세웅 교무님 우리 네 사람의 최종 목표는 노벨평화상입니다. 당연히 그 평화 안에 여러분도 포함됩니다. 어떻게 그것이 가능하겠냐고 누군가는 조롱할지 모르지만, 사실 상을 받는 것은 하나의 '목표'일 뿐 평화로운 세상을 만들어 가는 것이 우리의 '목적'입니다. 목적이 달성된다면 상을 받고 안 받고는 중요치 않습니다.

지금도 세상 곳곳에서는 질병·빈곤·테러·전쟁 등으로 수많은 인류가 고통받고 있습니다. 간혹 가슴 속 깊이 그들에 대한 연민과 안타까움을 느끼는 분들도 계시지만, 대개는 바쁜 일상에 치여서 먼 세상의 이야기로 치부해 버립니다. 또 누군가는 전쟁으로 인해 발생하는 경제적 손실을 헤아리고, 전쟁의 확산으로 생겨날 정치적 손익을 먼저 따집니다. 타인의 고통을 마주하고, 그것을 나의 고통처럼 느끼고, 그들의 고통을 함께 짊어지자고 말하기조차 낯설고 힘든 게 현실입니다. 그렇다고 외면할 수는 없는 노릇입니다. 이런 문제의식을 안고서 탄생한 모임이 '만남중창단'입니다. 아직은 역량이 부족하지만 언젠가는 전쟁의 한가운데서 평화의 노래를, 빈곤의 한가운데서 풍요의 노래를, 질병의 한가운데서 치유의 노래를 부를 수 있는 날이 오기를 희망합니다. 꼭 우리가 아니어도 누군가가 있어 우리 마음을 이어 나가 줄 것을 믿습니다.

이 책을 읽고서, 우리와 마음을 나누고 우리가 가는 길에 함께하고픈 분이 계신다면 부디 망설이지 말길 바랍니다. 지금 여러분도 많이 힘들고 지쳐 있을 테지만, 누군가의 희망이 될 때 삶을 더욱 가치 있게 만들고 고통에서 벗어나 자유로운 삶을 살아갈 수 있음을 잊지 마세요. 지금 이대로면 됩니다. 활짝 열린 마음, 미래를 향한 희망, 더디지만 한 걸음씩 내딛는 조그만 발걸음 하나면 충분합니다.

성진 스님 인간은 왜 태어났을까? 생물학적 관점이 아

마치며

닌 존재의 이유에 대해 알고자 하는 건 오직 인간만이 가진 메타(Meta)인지가 아닌가 생각합니다. 자기 자신을 알아보는 인지 능력은 오감에서 일어나는 감각이 자신의 전부가 아님을 알아차릴 수 있게 해 줍니다. 행복을 얻기 위한 여정에서 우리가 제일 먼저 닦아야 하는 것이 바로 이 능력입니다.

메타인지를 기르는 방법에는 여러 가지가 있지만, 대표적으로 불교의 명상 수행을 들 수 있습니다. 그중에서 선(禪)은 자아인지를 매우 효과적으로 극대화해 줍니다. 또 다른 길로는 '다름' 속에서 '자신'을 알아차리는 방법이 있습니다. 아마도 '만남중창단'이라는 이름으로 활동하고 있는 저희 네 사람이 좋은 예시일 겁니다. 저는 세 분의 성직자와 함께하면서 내 모습을 더욱 선명하게 바라볼 수 있었습니다. 다른 믿음을 가진 분들을 통해 내 믿음의 모습과 색깔을 더욱 쉽게 인지할 수 있었기 때문입니다.

서문에도 적었듯이, 이 책에는 행복에 관한 네 성직자의 생각이 담겨 있습니다. 지향점은 같지만 관점과 접근법에는 조금씩 차이가 있습니다. 애써 서로의 생각을 맞추려고 하기보다 작은 '다름'이라도 용기 내어 말했던 까닭은, 하나의 목표 아래 얼마든지 다양한 생각들이 공존할 수 있음을 보여 주고 싶었기 때문입니다. 부디 이 책을 읽는 모든 분께 이러한 마음이 조금이라도 전달되기를 바랍니다.

마치며

누군가의 희망이 될 때, 삶을 더욱 가치 있게 만들고 고통에서 벗어나
자유로운 삶을 살아갈 수 있음을 잊지 마세요.

자기 마음의 근심과 걱정이 무엇인지를 정확히 아는 것.
여기에서 행복이 시작됩니다.

삶의 목적을 행복이라고 생각하는 사람들이 있어요. 그렇지 않습니다.
삶이 먼저고 행복은 따라오는 겁니다.

저는 제 행복이 누군가에 의해서 좌우된다고 생각하지 않습니다.
내가 행복하다고 여기면 그냥 행복한 거예요.

종교는
달라도

인생의
고민은

같 다
ⓒ 성진, 김진, 하성용, 박세웅

2024년 1월 4일 초판 1쇄 발행
2024년 4월 30일 초판 2쇄 발행

지은이 성진, 김진, 하성용, 박세웅
발행인 박상근(至弘) • 편집인 류지호 • 상무이사 김상기 • 편집이사 양동민
책임편집 양민호 • 편집 김재호, 최호승, 김소영, 하다해, 정유리 • 디자인 쿠담디자인
제작 김명환 • 마케팅 김대현, 김선주, 이선호 • 관리 윤정안
콘텐츠국 유권준, 정승채, 김희준
펴낸 곳 불광출판사 (03169) 서울시 종로구 사직로10길 17 인왕빌딩 301호
　　　　대표전화 02)420-3200 편집부 02)420-3300 팩시밀리 02)420-3400
　　　　출판등록 제300-2009-130호(1979. 10. 10.)

ISBN 979-11-93454-31-2 (03200)

값 16,000원

서문

깨지기 쉬운 달걀보다 한 바구니에 담기 어려운 것은 아마도 '믿음'일 겁니다. 그마저 앞에 '다른'이라는 형용사가 붙고 '종교'라는 주어를 가지게 되면 한 바구니가 아니라 양손에 들고 있기에도 불안해집니다. 하지만 우리 네 명의 종교인은 '만남중창단'이라는 이름의 한 바구니에 담겨 노래하고 이야기하며 세상과 만나고 있습니다. 각자의 성전에만 있었다면 경험해 보지 못했을 다양한 만남과 이야기를 나눌 때면 삶이 충만해지는 행복감을 느낍니다.

얼마 전 대학교 토크 콘서트에서 아버지가 목사님이라고 밝힌 한 학생이 템플스테이를 다녀와도 되는지 질문한 적이 있습니다. 당연히 내가 답을 해야 하겠거니 하고 마이크를 잡으려는데 "그럼요. 얼마든지 다녀오세요"라고 옆에 앉은 김진 목사님이 주저 없이 대답하셨습니다. 우리 사이라는 게 이렇습니다. 서로 다른 길을 걷고 있지만 그 다름을 불편해하지 않는 것, 각자의 믿음에 충실하면서도 서로의 믿음을 소중히 여길 줄 아는 마음, 이것이야말로 '만남중창단'이라는 이름으로 목사님, 신부님, 교무님과 함께하며 얻은 가장 값진 체험입니다. 마치 밤하늘을 수놓은 별처럼 서로의 믿음과 종교가 그 자체로 빛나 보일 수 있음을 알게 된 것이랄까요.

어쩌면 이런 만남이 가능했던 건 과거로부터 조금씩 쌓여 온 인연의 결과일 겁니다. 과거 군종장교 시절에 저는 여러 신부님, 목사님과 11주라는 짧지 않은 시간을 훈련소에서 함께 보낸 적이 있습니다. 처음에는 은근히 서로를 견제하고 의식하는 가운데 작은 충돌이 빚어지기도 했지요. 그러나 한 주가 채 지나기도 전에 서로 간의 벽은 허물어져 버렸습니다. 흙바닥에 주저앉아 신부님이 몰래 가져온 초코파이를 나눠 먹으며 정(情)을 나눴던 기억, 산악 레펠 훈련 때 서로가 먼저 뛰어내리라고 실랑이를 벌이는 가운데 선뜻 발 벗고 나서 준 목사님의 기백에 고마웠던 기억, 이러한 작은 경험들이 제게 다른 종교에 대한 거리감을 좁혀 준 시절인연이었습니다.

불교에서 자기 생각에만 집착하고 옳다고 고집하

는 것을 아상(我想)이라고 말합니다. 이 아상은 오랜 시간에 걸쳐 축적된 감각의 경험이 의식으로 자리 잡아 지금 이렇게 말하고 생각하고 있는 것이 '나'라고 확신하는 것입니다. 이렇듯 내가 선택하고 좋아하는 것이라고 관념화된 가치는 외부의 자극으로 쉽사리 변하지 않습니다. 저 또한 아상이 깊었던 때가 있었습니다. 출가해서 부처님께 귀의하는 과정에서 이 길만이 세상에서 가장 가치 있는 길이라 여겼습니다. 그러다 보니 다른 종교와 종교인의 삶에는 무관심했지요. 그런데 특별한 기회로 김진 목사님, 하성용 신부님, 박세웅 교무님을 만나 교류하고 이분들의 여정을 듣게 되면서 저절로 고개가 숙여졌습니다. 종교인이 되기 위한 길은 모두가 숭고하고 위대하다는 걸 몸소 알게 되었기 때문입니다.

'아뇩다라삼먁삼보리.' 한자로 무상정등각(無上正等覺)이라고 표현하는 이 말은 가장 높고 바른 깨달음을 뜻합니다. 한창 『금강경』을 익히고 1자3배 사경기도를 하면서 어떤 것이 제일 위대한 가르침인지를 찾아 헤맨 적이 있습니다. 하지만 끝내 찾지 못했습니다. 돌이켜 보면 우열의 마음으로 답을 구했기에 눈을 뜨고 있어도 감은 것처럼 캄캄했던 게 아닌가 합니다. 가장 높고 바른 깨달음은 하나를 말한 것이 아님을 알았을 때, 비로소 눈에 보이는 하나하나에 저마다 진리가 가득 차 있음을 알 수 있었습니다. 나는 각자의 믿음과 종교가 서로를 대체할 수는 없다고 생각합니다. 정확히 말하면 그럴 필요가 없다고 봅니다. 세상에 만유인력의 법칙과 양자물리학이 공존하는 것처럼 저마다의 쓸모와 존재 이유가 있는 것이지요. 나의 믿음이 높다고 하여 다른 종교의 위대함이 사라지거나 그 가치가 낮아지지 않습니다. 모두가 최고인 것입니다.

이 작은 책에는 '행복'이라는 대주제를 가지고 네 명의 종교인이 각자의 종교적 신념과 견해를 바탕으로 이야기 나눈 내용이 담겨 있습니다. 어떤 지점에서는 결을 같이 하고, 또 어떤 곳에서는 생각의 차이가 드러납니다. 누구의 답이 옳은지 그른지는 중요하지 않습니다. 부디 이 책을 읽는 독자들이 단 하나의 '정답'을 찾으려 애쓰지 않길 바랍니다. 대신 우리 중 누군가의 말이라도 따뜻한 위로와 희망으로 전해질 수 있길 바랍니다.

마지막으로 이 책이 세상에 나오기까지 애써 준 모든 분께 감사의 말을 전합니다. 따로 시간을 내어 대담 시간을 마련하고 글을 다듬어 준 불광출판사 식구들, 틈틈이 오고 가며 먹거리와 응원을 보내 준 '만남중창단' 관계자분들, 그리고 처음부터 지금까지 우리 노래에 귀 기울여 주고 관심과 성원을 보내 준 여러 분께 이 자리를 빌려 존경과 감사의 마음을 보냅니다.

만남중창단 성진 합장

지금의 나,
살아 숨 쉬는 나를 향한
만족과 감사야말로
행복의 시작과
끝입니다.

차

례

8

종교는
달라도

인생의
고민은

같 다

불광출판사

종교는
달라도

인생의
고민은

같　다

오늘이 불안한 요즘 사람들에게 들려주는
4대 종교 성직자의 행복 수업

성진 스님
김진 목사님
하성용 신부님
박세웅 교무님